中高年の発達障害

二次障害をいきのびるための処方箋

凪野悠久 著
まいんずたわーメンタルクリニック院長
仮屋暢聡 監修

現代書館

中高年の発達障害＊目次

第二章　自らを知る……………37

第三章　とりまく環境を知る

第五章 「他者」や「とりまく環境」と折り合いをつける

はじめに

この本は、大人の発達障害者、なかでも四十代以降で二次障害(1)を抱えている方々を想定して、二次障害の再発を防いでより人生を生きやすくしてもらうための処方箋の一つになってほしいという思いで書きました。ひとことでいえば、発達障害と慢性うつ病に苦しんできた還暦すぎの男が、なんとか平静な心にたどりつくまでの過程と、そこからの生き方を探った手記になります。

振り返れば離婚や身内の不幸が重なったことからうつ病になったのが四十代半ば。それからよくなったかと思えば悪化するの繰り返しで、どうにも先が見えてこない状況で五十代になって初めて発達障害の診断を受けました。それによって、長く続くうつ病は発達障害の二次障害だったこともわかりました。

それまでは精神的な落ち込みが続きながらも、少しでも回復の兆候があらわれるともう

(1)発達障害の二次障害とは、さまざまな特性を原因とする失敗や挫折経験、過剰なストレスなどの積み重ねにより、身体面や精神面、行動面に二次的な問題が引き起こされることをいいます。例えば、気分障害、うつ病、統合失調症、反抗挑戦性障害などが挙げられます。

治ったと勝手に思い込んで、すぐに仕事に復帰していたことがうつ病慢性化の原因と考えていましたが、その背後にはもっとやっかいなものが控えていたというわけです。

診断が下りたからといっても、発達障害そのものを完治させるような治療法は現在のところ存在しません。医師とも相談しながら自分なりに二次障害への対策を講じてなんとか平静をとり戻したのは、つい最近のことです。うつ病発症時からすでに二十年が経過していました。

平静をとり戻したといってもいまだに常に倦怠感がつきまとうヨレヨレの状態で、なにをするにも億劫きわまりない。集中力もなく、思考もはっきりせず、ちょっとしたストレスにもひどく脆弱です。一日に二度も三度も昼寝をしないと体が持ちません。七十～九十歳をヨタヘロ期と呼ぶ評論家がいますが、わたしはもうその域に達してしまっているかのようです。というわけで、わたしは自身のことを勝手に「発達二次障害者」と呼んでいます。

長くしんどい思いをしてきた経験からいえば、大人の発達障害の最大の問題は「二次障害」だと思っています。職場のパワハラや理不尽な扱いなどでうつ病などの二次障害を発症してしまうと、多くの場合仕事を休まざるを得なくなります。若いころならまだしも、うつ病というのは一度発症すると完治しにくい病気ですので、復帰したとしても再び症状が悪化しかねません。その挙句、まともな仕事から見放されて、いきなり出口の見えない貧困状態に陥ってしまうことも十分にあり得るのです。

この点、非正規雇用や発達障害者の貧困問題を追及しているジャーナリストの藤田和恵氏も大人の発達障害の「最も過酷な困難」は、「その特性のせいで受けるストレスやトラウマが原因となって発症する二次障害なのではないか」と指摘しています。(2)

わたしの場合は、仕事が続けられなくなる以前に、そこそこのたくわえを得ていたことや、しばらく実家に退避できたこと、再婚したおかげで精神的な支えが得られたこと、のちに公的な支援が得られたことなどで、なんとか絶望的な状況に陥ることは避けられました。それがなければいまごろどうなっていたことか……。

近年、発達障害者は増えています。その増え方は「急激に」といっても過言ではないでしょう。発達障害者の総数については調査が行われるごとに数値が大きく変化しており、小中高生を対象にした最近の調査ではこの十年ほどで数倍近く増えています。

大人の発達障害については包括的な調査が不十分ですので実体はよくわかりません。ただ、臨床ではこの十年あまり受診者が増えているそうです。その理由は種々考えられますが、学生時代には目立たなかった特性が、就職による強いストレスを受けたことでそれが際立つようになり、なんらかの二次障害に苦しみ始めたことが原因の一つとも指摘されて

(2) 藤田和恵『不寛容の時代――ボクらは「貧困強制社会」を生きている』(くんぷる、二〇二一年、一九九頁)

います。(3)

近年、対象者が増えるにしたがって民間の支援団体なども増え、公的な制度なども大きく改善されてきました。それはそれで歓迎すべきですが、しかし、そのほとんどは療育や就労など子どもや若い発達障害者を対象としたものです。ここ二十年数年ほどでまず子どもの発達障害がクローズアップされ、そのあとに「大人の発達障害」も存在することが明らかになってきた経緯もありますので、対応はどうしても二の次になりがちです。

当然のことではありますが、大人の発達障害が存在するということは、現時点で診断から見すごされてきた中高年の発達障害者も多数いることを意味します。そもそも二十年以上前は発達障害の概念そのものが存在しなかったわけですから、なかなか自身で「発達障害ではないか」と病院を受診することには無理があります。

いまだに診断を受けることなく生きづらさを感じながら二次障害に苦しんでいる方、その挙句に仕事を失って貧困状態に陥っている方々は相当数存在していると思われます。ほかにも「引きこもり」になったり、物をため込んで自室が「汚部屋」化したりするなど、発達障害との関連性が指摘されている問題は数多くあります。そのような陥穽《かんせい》に落ち込んでしまうと定型発達者（発達障害をもたない人）においてさえ抜け出すのに相当な困難を伴うわけですから、発達障害者においてはなおさらです。

そのような人たちがいったいどうしたら水底から浮上できるのか、いわば見すごされてきた世代の人たちが、せめて水面で息をするレベルにまで至るにはどうしたらよいのか。

もちろんこうすれば絶対にうまくいくという方法があるわけではありません。それは生きづらさに耐えながら本人が見つけていくしかないと思っています。それを前提に、本書ではわたし自身が発達障害と二次障害にどのように対処してきたかを話していきます。

はじめに、自分自身の発達障害の特性について、できる限り客観的に把握することがカギとなります。それがわかっていないといったいなにに、どうとり組んでいいのかもわかりません。次に大事なのは、自分がどのような世界や環境に生きているのかを把握することです。定型発達の方なら自然に学んでいる暗黙知の世界ではあるのですが、だいたいにおいて発達障害者は一般的に他者がなにを考えどのように振る舞っているのかを察知するのは得意ではありません。社会に出て仕事をすれば否応なく日本人の組織文化に晒されますので、大枠でこうした傾向をおさえて無駄な軋轢はできるだけ避けたほうが無難です。加えて職場や通勤などの自らをとりまく物理的な環境についても、気になった点をとり上げます。

それらをもとに、どうすれば過剰なストレスにつながらないよう、世の中と「折り合い」をつけて生きていけるのかを考えます。そのためにわたしが試行錯誤して身につけた

（3）岩波明『発達障害という才能』（ＳＢクリエイティブ、二〇二一年、二九頁）

方法をご紹介します。その過程で浮かび上がってきたこれからの生き方、そして最後にもっとも身近で、もっともおろそかになりがちな「家族」の問題についても考えます。各章のおわりには、引用した文献に加えて、補足的に読んでおくとより理解の深まる文献三冊も紹介しております。

いずれにせよそう簡単なことではありませんが、複雑多様な人生における経験、ときには手痛い失敗とそれに対する深い考察、そこからの実践などを通して自分なりに「傾向と対策」を間断なく行っていくことしかないように思います。

そのなかで、特に気をつけなければならないのは、うつ病や気分障害などの二次障害を徹底的に避けることです。わたしのように無知だったり運が悪かったりすると、慢性的な二次障害地獄に陥って抜け出せなくなります。それだけは避けていただきたい。

読者のなかには、「障害者の側ばかりではなく、社会の側ももっと配慮すべき点はあるのではないか」と疑問に思う方もおられると思います。それはその通りで、発達障害者を含むマイノリティの方々が自由に楽に生きられる世の中がくれば、それに越したことはありません。[4] 確かにそのような理想の実現は大切ですが、しかし、それはいつのことになるのか。それが実現するまでのあいだ、どうやって食いつないでいくのか。発達障害者は、マジョリティの支配する現実の世界で「いきのびて」いかなければならないのです。陰湿な排除や差別、過剰なストレスをなんとかやりすごさざるを得ないのです。それを考えた場合にこちら側が、戦略として「努力」をすることはやむを得ないとわたしは考えます。

これは最近になってあらためて感じたことですが、「慢性うつ病」に悪戦苦闘してきた経験をよくよく鑑みると、四十代から六十代にかけて精神的に不安定になるいわゆる「中年の危機」を克服する過程とよく似ているのです。自覚はありませんでしたが、ひょっとしたら二重のしんどさを経験していたのかもしれません。その意味で、この本は「中年の危機」を経験している人たちにも役立つことがあるかもしれません。

さらに思うのは、わたしの経験はこれからやってくる心身の老化にうまく対応していくヒントにならないだろうか、ということです。わたしはいま六十代ですが、うつ病を抱えておりますので、これからの人生はよくて現状維持、へたをすると坂道を転がり落ちていく可能性もあるわけです。より慎重に坂を降りていく心構えがなによりも求められる年齢なのです。

また、発達障害のなかで特にＡＳＤ（自閉スペクトラム症）には遺伝が関わっていることが知られています。それに加えて子どもをもうける時期の遅れも影響していて、「父親の高齢化」も一因という説もあります。

（4）近年、「ニューロダイバーシティ」（神経多様性）という概念がクローズアップされています。発達障害を病気や障害とみるのではなく「脳の少数派」とみなそう、人間の脳や神経に由来する特性の違いを尊重し、その多様性を社会で生かしていこう、という考え方です。

わたしは離婚経験者ですが、初婚も二度目の結婚もいずれも晩婚です。つまり、子どもたちもわたしと同じ遺伝的な特性を有している可能性が高いということになります。いいにくいことではあるのですが、事実そうなっているとわたしは思っていますので、やはり親の責任として「親父はいろいろ大変な思いをして、こんなふうに対応してきたんだ」という手記を子どもたちに残しておきたいと思ったのです。

いまどきの急激な社会変化や精神医療の進歩のなかでは、親の経験などなんの役にも立たないという意見もあるでしょう。確かにそうかもしれません。しかし、ほんの一ミリでも「そういうことだったのか」「こうすればなんとかなるかも」と思ってもらえるなら、それで十分だとわたしは思っています。

繰り返しますが、若い人たちは慢性的な二次障害に陥ってしまう前に、早めに手を打つべきです。中高年の方々で二次障害を患っている方々は、いま以上に障害を悪化させてはいけません。もしあなたが過剰なストレスのなかにいるなら、自らの生き方を再考しましょう。そして場合によっては「脱出」を考えましょう。

とにかく「いきのびて」いただくことを、切に願っています。

第一章　発達障害とは

発達障害とは？

さて、まずはそもそも発達障害とはなにかを説明するのが筋ですが、最近では広く知られるようになりましたので、ここでは一般向けの著作に書かれている内容をもとに簡単に紹介する程度にとどめておきます。

一般に発達障害という場合、一つの障害と勘違いされがちですが、実際はいくつかの障害にわかれています。代表的な障害名としては、**ASD（自閉スペクトラム症）**、**ADHD（注意欠如・多動症）**、**LD（学習障害）**などで、基本的には生まれつきのものであり、ある程度の変化はありますが、大人になって症状がまったくなくなったりするようなものではありません（ADHDには特性をある程度緩和する薬はあります）。

まずASDの特性の一つは、社会性に問題があることです。ときと場所にあった言葉づかいや服装ができない、暗黙のルールがわからない、人との距離感が保てない、社会的なマナーが身についていない、「阿吽《あうん》の呼吸」やその場の「空気」を理解できないことなどから人間関係に問題を抱えやすくなります。二つめは、コミュニケーションの問題です。お世辞や冗談が通じない、例え話やあいまいな表現が理解できない、会話のやりとりが苦手で一方的に話してしまう、他人の興味や感情などがわからないなどで支障が生じがち

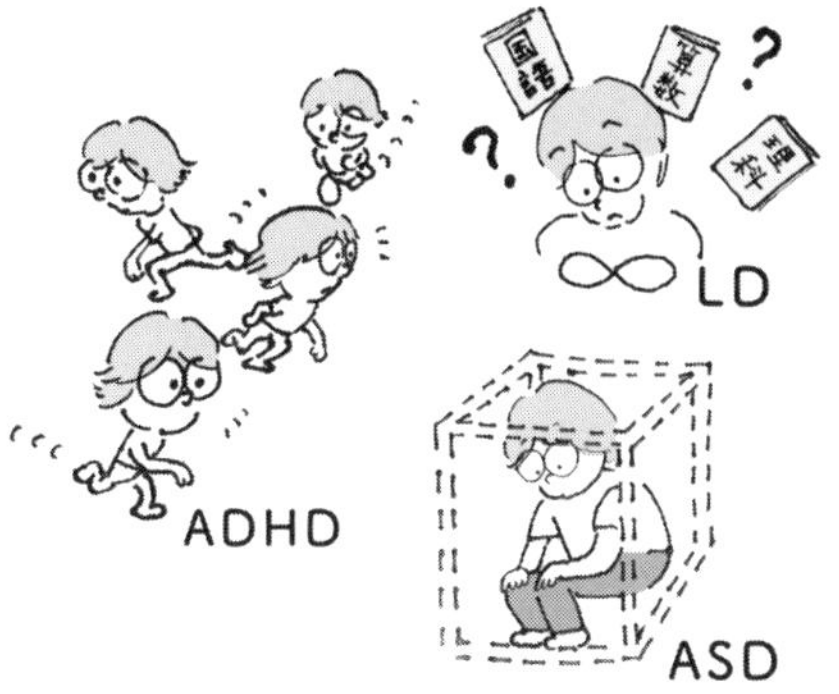

です。三つめの特性は特有の「こだわり」です。特定の物事や習慣に強く執着するほか、単純な行動を繰り返したりする、いわゆる常同行動も見られます。思考の柔軟性に欠け、視覚、聴覚などの感覚過敏を持つ人もいます。このほか他人と目を合わせないというのもわかりやすい特徴の一つです。

そもそもASDというのは、アメリカ精神医学会（APA）がつくる診断基準であるDSM-4[1]（一九九四年）で「自閉症」「アスペルガー症候群[2]」など「広範性発達障害」と分類されていたものを、DSM-5（二〇一三年）において

（1）DSM（Diagnostic and Statistical Manual of Mental Disorders）「精神疾患の診断・統計マニュアル」は、発達障害を含む精神疾患の診断基準として用いられています。最新版はDSM-5-TR（二〇二二年）。ほかにWHOが作成する国際的な診断基準としてICD（International Statistical Classification of Diseases and Related Health Problems）「疾病及び関連保健問題の国際統計分類」もあります。こちらは精神疾患を含めた疾患全般に使用されており、死因や病因などの統計データを体系的に記録し、分析することを目的としています。最新版はICD-11（二〇一八年）で、日本においても運用に向けた準備が進められています。DSMとICDでは分類や診断名が異なるものもあります。
（2）ASDのうち知的障害や言語障害は含まれない障害。本書でも原文からの引用に際してそのまま使用している部分もあります。

ＡＳＤという一つの診断名で包括したものです。

次にＡＤＨＤは、「不注意」と「多動・衝動性」にわけられます。一つめの「不注意」については、注意力に欠けるためにミスをする、注意力の持続が難しい、人の話を聞いていないことがある、片づけが苦手、物をなくしやすい、段取りがへた、指示を忘れるなどです。二つめの「多動・衝動性」は、落ち着きがなく、一方的にしゃべってしまう、空気を読まずに不用意な発言をしてしまう、感情が高ぶりやすくイライラしやすい、衝動買いをしてしまうなどを主な特性としています。アルコール・薬物・ギャンブルなどの依存症や過食症も併発症としてみられます。

最後にＬＤは、知的な遅れがないのに、読む、書く、計算するなどの能力に著しく苦手な領域がある障害で、中核となっているのは「読み書き障害」（ディスレクシア）です。


発達障害のうち中心的な障害となるのはＡＳＤとＡＤＨＤですので、この本ではこの二つについて述べていくことにします。

まず大事なことは、こうした発達障害の特性は人によって大きく異なるということです。発達障害といわれる人たちには、特性が強くて生活そのものに支障が生じている人から、問題は感じながらもなんとか調整しながら生きている人、さらになんの問題も感じることなく仕事をしている人、特性を生かして天才的な仕事をしている人までさまざまです。いわばグラデーションのような連続体（スペクトラム）として存在しているのです[3]。

スペクトラムであるがゆえに同じ発達障害者でありながら、ときにまったく異なる「普通の人」に見えることもあります。わたしが特にそう思うのはコミュニケーション能力に問題のない当事者といっしょにいるときです。忘れ物やミスの多いＡＤＨＤの特性を持っている方でしたが、弁舌さわやかで人をうまくまとめている様子を見ると「本当に同じ発達障害者?」と、ちょっと信じられなくなります。

ちなみにわたしについていえば、発達障害の診断はなされていますが、知的障害、言語障害はなく、ほかの当事者の手記に書かれているほど大きな支障は感じていませんので、自分としては勝手に軽微なほうだと考えています。発達障害を疑われながら特性の軽さから医師の診断が下りていない人たちを「グレーゾーン」と呼びますが、「グレーゾーン」よりは特性のやや強いタイプということになるでしょう。

本書ではなるべくシンプルに知的、言語的に障害のない「グレーゾーン」とその周辺の発達障害者を中心に話を進めていくことにします。

（3）連続体として存在するということは、定型発達者と発達障害者を明確に区切ることはできないことを意味しています。自分には発達障害の要素がないと考える人でも、よくよく探れば「これは自分にもあてはまるかも」という特性はいくらでも見出せるでしょう。このほか色弱、色盲などの「色覚異常」も同様にスペクトラムであり、最近は男女の性差もスペクトラムという説もあります。「色覚異常」については、章末の読書ガイドⅠに挙げた『「色のふしぎ」と不思議な社会』参照。

ただ、どちらかといえば特性の「軽い」方についてひとこと申し上げておけば、障害をただの「個性」ととらえてそのまま済ませられる人はよいのですが、わたしの経験を踏まえていえばあまり甘く考えないほうがよいかもしれません。置かれた環境によっては大きな軋轢を生じて二次障害に至ることもあり得ます。

中高年の発達障害に関する課題

ここからは自分自身がなんらかの精神疾患を患っている方、また、ひょっとしたら自分も発達障害の「二次障害」かもしれないと感じている中高年の方々を対象に、あらかじめ知っておいたほうがよい発達障害に関する四つの課題を述べておきます。

前もって記しておきますが、あくまで個人的な経験に基づいていますので偏りは避けられません。とはいえ、とりあえずこのような現実を知っておくこと、つまり、想定内と考えることで、発達障害と向き合う前向きな気持ちを維持していただきたいと思っています。

課題① 気づきにくいこと

先述のように、わたしは中高年の発達障害者にとって最大の問題は「二次障害」だと考えていますので、それを防ぐには早期に自分が「発達障害」であることにまず「気づく」ことが必要になります。

ところがこれが簡単ではありません。

自身の問題でいえば、発達障害という概念そのものがないなかで育ちましたので、発達障害が世間で注目されるようになっても関心を持てなかった面があります。長くうつ病を患っていましたので、ひょっとしたらという思いは何度かよぎりました。しかし、そこから発達障害について詳しく調べようとしないまま、診断がなされるまで自身の特性についてはほとんど無知でした。

わたしと同世代の方々も、仕事などで「困りごと」が生じてそれが原因で精神的に困難な状況に陥っても、そこから発達障害に「気づいて」受診するまでには至らないかもしれません。

ただし、もちろん例外的なケースもあります。

株式会社ニトリホールディングスの似鳥昭雄会長は、子どものころから注意力散漫で、物をなくしてしまうのが常で、小学校四年生になっても自分の名前を漢字で書けず、成績はビリでした。七十代になってからですが、ある日、発達障害の特徴や種類を紹介しているテレビ番組を見ていて、自分とそっくりだなと思ったそうです。「専門の医師に診てもらって、自分でも本や文献を調べて、正真正銘の発達障害、ＡＤＨＤということがわかって、ホッとした」と語っています。(4) とはいえこうした方は稀ではないでしょうか。

いわゆる「グレーゾーン」の方々においては、似鳥会長ほど特性が明確ではないことに加え、もともと客観的な把握能力に弱みがあるわけですから、自身に発達障害があると「気づく」ことはより難しくなるように思います。

発達障害当事者の「気づき」の難しさの一例を挙げますが、わたしの友人に四十代で会社をリストラされて重いうつ病になった人物がいます。その後ある程度回復はしたのですが、直後に離婚したことなどから、再び症状が悪化し、ずっと低迷したまま苦しんでいました。そのあいだ、あろうことか彼は難関の国家資格をとると言い出し、すさまじい粘りで勉強にとり組んでいましたが、その後音信不通になってしまいました。

彼をよく知る身として勝手なことをいいますが、一つのことに対する「こだわり」が非常に強いタイプで、その他の特性もあわせて感じていましたので、うつ病の背景には発達障害があったように思われます。そのことにわたしが気づいたのはすでに連絡がとれなくなったあとのことで、いまどこでなにをしているのか状況はまったく不明です。ただ、以前、連絡をとり合っていたころは相当な苦しみを抱えていましたので、その後のことがずっと気にかかっていました。

仮に彼が発達障害だったとして、もう少し早くそれに「気づいて」、適切な診断がなされていれば「うつ病」治療とともに「二次障害」を徹底して防ぐような対策を講じることで、いまとは異なる人生を歩めたのではないか……。時折思い出すたびに胸が苦しくなります。

潜在的な中高年の発達障害者に「気づき」を得てもらえるのになにかよい方法はないかと思い巡らしてみましたが、残念ながら妙案はありません。第二章で述べるように自身が疑いを持ってメディアなどに触れて判断していくしかないと思われます。

課題② 診断の難しさ

ここまで、「気づき」の難しさを述べてきましたが、そこから導き出されるのは、仮になんらかの精神的な困難に陥って病院で診てもらっても、発達障害の二次障害であると診断される可能性は高くはないということです。

そもそも、本人が発達障害の疑念を抱いて受診していないわけですから、まず医師(5)の側が発達障害を疑って積極的に症状や発達歴を尋ねなければなかなか診断にはたどりつけません。一般的な診療のなかでは見落とされる可能性も高いと思われます(6)。

(4)朝日新聞、二〇二一年七月二〇日、朝刊
(5)診断以前に、発達障害の専門医が少ないという問題もあります。予約がとりづらかったり、予約できても受診までかなり待たなければならないというのが現状です。
(6)岩波明編『これ一冊で大人の発達障害がわかる本』(診断と治療社、五五頁)

さらにいえば、中高年においては、人生を通じて身につけた「処世術」や第二章で述べる「困った学習」（六二頁）が入り込んでいる可能性があるうえ、高齢者であれば「認知症」の疑いも生じますので、診断の難易度はよりいっそう高まります。[7] 医師の側としては、早急に判断せず、本人の特性を十分に理解したうえで「診断を急がない」ことが望ましいと考えるのが一般的ですので、時間もかかります。[8]

仮にこの症状の背景には発達障害があるかもしれないと、医師の側が疑いを抱いてくれたとします。

その場合、本人にいくら尋ねても肝心な点は明確にならない恐れがありますので、幼少期の様子を養育者（家族など）に聞くことが診断の大きなポイントになります。一般的にいえば、子どもや若い方々のケースでは必然的にそうならざるを得ないと思われます。

しかし、中高年以上の方が対象となると話は別です。

これもわたしの場合ですが、まず、高齢の母親に発達障害を理解してもらうこと自体に無理がありました。また、障害そのものを理解していないのですから、どうしても的はずれな受け答えになりがちで、役立つ情報はほとんど得られませんでした。こうしたことは本来、親といっしょに病院へ行くなどして問診を受けることが基本ですが、さすがに身体の弱っている母親に「あなたの息子は障害者かもしれないから病院へいっしょに行って話をしてくれ」とはいえませんでした。

ほかに知能検査などいくつかの検査方法もありますが、あくまで参考として用いるにすぎません。知的障害、言語障害など明らかに特性があるという場合を除いて、なかなか明確な診断には結びつきにくいようです。

わたしの場合は運よく発達障害の診断が下りましたが、これはわたしの日常生活について「朝、起きぬけにエンジンがかかったように突然物事を始める」などの証言が妻から医師に伝えられたからです。妻の言葉がなければいまだに「うつ病」のままだったでしょう。かかりつけの医師も、大人の発達障害の診断は「非常に難しい」と話していました。

「はじめに」でも述べたように、発達障害が背景にありながら、自分ではどうして人間関係や仕事がうまくいかないのかよくわからず、知らずに二次障害を発症してしまう人は少なくないと思われます。厳しい状況に追い込まれれば追い込まれるほど、自ら積極的に受診しようという気持ちなど消え失せてしまいますので、こうした状況はかなり危ういのではないでしょうか。

(7)認知症と発達障害の関係については、福西勇夫・福西朱美『マンガでわかる中高年のADHD・ASD生きづらさ克服ガイド』(法研、二〇二二年、七五〜八七頁)、前掲『これ一冊で大人の発達障害がわかる本』(一四六頁)など参照。
(8)前掲『これ一冊で大人の発達障害がわかる本』(六一頁)

課題③　特性の併存

次に知っておきたいことは、発達障害の「特性の併存」です。

一般的には、その人の持つ特性が社会を生きるうえで妨げになって初めて発達障害が疑われることになりますが、こうした場合には診断を受ける受けないにかかわらず、当人が抱えている「困りごと」を中心に対策を考えていくのが基本です。そして、なんらかの対策を考えるにあたり、その「困りごと」、つまり特性の背景をよく把握しておかないと効果的な対処方法も浮かびにくくなります。

なぜか人間関係がうまくいかない、どうしても仕事でミスをしてしまうなどの「困りごと」がある場合、それはどうも発達障害から来ているらしいということにおぼろげながら気づいたとして、このような特性はASDとADHD、どちらの障害名にあてはまるのかという疑問がわいてくるのは当然です。

わたし自身もASD、ADHDの特性の重なる当事者だと考えていますが、過去のトラブルを探るたびに、これはたぶんASDからだろう、こっちはADHDからだろうと推測してはみるのですが、これがいま一つわかりにくい。

この「特性の併存」は、当事者自身の特性の理解を困難にしているだけではなく、医師の側にとっても発達障害の「見立てのしにくさ」の要因の一つになっています。以下の説明は岩波明監修『おとなの発達障害――診断・治療・支援の最前線』（光文社、二〇二〇年、三九〜四一頁）を参考にしています。

ＡＳＤとＡＤＨＤの特性は似ている点が多く、併存する事例が多いことは、多くの研究で指摘されています。併存率は研究によって異なりますが、六割から八割ともいわれていますので、かなりの高率といえるでしょう。単純に考えれば、ＡＳＤとＡＤＨＤが併存していれば両方の特性を抱え込みますので、「症状の重症度が高まる」こともあります。

実際に診療の場で、ＡＳＤとしてもＡＤＨＤとしてもどちらの見立ても可能な場合もあります。たとえば「勉強・仕事に時間がかかる」ことに対して、ＡＤＨＤと見立てると「実行機能障害からくる段取りの悪さ」と考えられますし、ＡＳＤと見立てれば「正確性にこだわり、確認時間が過剰にかかる」と考えられます。同じように「教室・職場で興奮しやすい」こと、「他人とトラブルになりやすい」ことなども、どちらの特性とも解釈が可能です。ただし、よく聞き込んでみると違いはあるそうです。ＡＳＤとＡＤＨＤが併存している場合は、「濃淡が連続的に変わるグラデーションであり、中間領域が非常に広い」と考えられています。

違うけれど同じに見える、同じに見えるけれどやはり違う、まるで禅問答のようです。

ここまで説明したのは、二つの特性が併存している、つまり１＋１が２になる人たちのケースですが、そうはならない場合もあります。

ここからは本田秀夫『発達障害――生きづらさを抱える少数派の「種族」たち』（ＳＢクリエイティブ、二〇一八年、四四～四九頁）を参考に述べていくことにします。

ある女性のケースですが、雑談が苦手なところはＡＳＤの「対人関係が苦手」にあてはまるのですが、その一方で「こだわりの強さ」が見えてきません。また、ＡＤＨＤの「ミスの多い」特性を抱えていますが、「落ち着きがない」わけではありません。

若手のころは先輩社員のサポートを受けることで十分な評価を得られていましたが、中堅社員になるとサポートも減り、仕事量も増えてきたことでミスが目立ち始めます。作業もスムーズにこなせません。雑談が苦手なことから「まじめな人」という評価を得ていたのですが、中堅社員ともなると「コミュニケーションのうまくとれない人」というマイナス評価をされるようになってしまいます。彼女は「このままでは職場でやっていけなくなるのではないか」と不安を抱くようになりました。

このタイプの人は**病院を受診してもＡＳＤとＡＤＨＤ、どちらかははっきりしないため、発達障害と診断されない可能性があります。本人は苦しんでいるのにそのことをまわりの人に理解してもらえず、対処法もわからないという状況に陥ります。**

「特性の多さやそこから生じる悩みは「２」か、それ以上に強いのに、特性自体は「０・５」にみえてしまうために、理解が得られない人たち」であり、本田医師はそのような人たちが「じつに多い」と指摘しています。

もちろん、生活上の問題が大きくなって特性がより強く出るようになれば、発達障害の診断を受けやすくなりますが、本田医師の指摘するように、「それ以前には、なかなか理解が得られず、放置されている段階がある」のは当事者にとってはちょっと酷な話です。「理解が得られず、放置されて」いるあいだはずっと苦しみに耐え続けなければならず、これではうつ病など二次障害の発症を促してしまいかねないようにも思えます。

課題④　中高年の心の壁

ここからは発達障害から離れて、一般の精神疾患に対する中高年の態度について話してみます。

診断以前の問題ですが、なにかしらの精神的不調を感じたとしても、中高年の場合はすなおに「病院へ」とは考えないかもしれません。

わたしのような年代にとっては「精神障害」という言葉はどうしても重たく響きすぎて、どこかに恐れをなしてしまう自分がいます。それが病院への足を遠のかせてしまうのです。

もちろん「職場に知られてしまうかもしれない」というのも大きな理由です。そうなると本人から進んで、あるいは家族らの勧めで本人が受診することが難しくなります。

わたしの場合は四十代半ばごろ、当初、朝方の憂鬱感があまりにつらくなったので精神科へ行きましたが、これも行こうか行くまいかという葛藤の末で、身内には一切通院していることは話しませんでした。「精神科にかかる」ということ自体がスティグマ（負の烙印）になっていたのです。実際のところ、「おかしい」と感じ始めてから、精神科を受診するまでにはかなりの時間がかかっています。さらに「うつ病」と診断されて薬を処方されたにもかかわらず、まともに服用しようとせず、これはかなり深刻な病気だと自覚するまで一年かかりました。当初は、自身が「精神障害」を患ったとは微塵も考えず、意識のうえでは遠く離れたほかの人がかかる病気としか思えなかったのです。それゆえ、しばらく休んでいればまた以前のように仕事に復帰できると本気で信じていました。

公的な支援についても、同じようなことがいえます。

現在の医療制度では、医師の診断書さえあれば精神障害をなんらかの公的支援に結びつけることが可能です[9]。ところがこれが気持ちとしてすんなりといかないのです。特性の「こだわり」からなのか、公的支援を受けることにためらいがありました。

当時、「うつ病」の再発を繰り返していましたが、医師の側からの勧めがなければとても自分から診断書の発行を依頼して、支援の手続きをするなどという気持ちにはなれなかったと思います。つまり、支援を受けるということは、はっきりと自分が「精神障害者」となり、公の世話になることを認めることになるからです。

これはのちに一般雇用でなく精神障害者雇用[10]で働こうと決める際にも、同じような迷いがありました（雇用された場合の賃金の低さも迷った理由の一つです）。いま思えば極端な話ですが、これでもう普通人としての自分の人生は終わってしまったのではないかとも思えたのです。

先のわたしの友人にも公的支援の話をしたことがありましたが、彼はそれについてまったく興味を示しませんでした。当時、実家からの金銭的援助でなんとか生活が成り立っていたこともあったとは思いますが、想像するに彼も、「自分は障害者ではない、体調が戻ればまたバリバリ仕事をして、お金は返せる」と考えていたのではないでしょうか。

中高年になるとこんなふうに「精神障害」や「公的支援」「精神障害者雇用」に対する、二重、三重の心の壁を持つ人もいます。「課題②　診断の難しさ」で述べた状況の「危うさ」は、こういう意識からも高まるように思います。

以上、中高年の発達障害を考えるにあたって課題となる点として、「**気づきにくいこと**」「**診断の難しさ**」「**特性の併存**」「**中高年の心の壁**」の四つについて述べてきました。誤解

(9)たとえば自立支援医療制度による医療費の助成や障害年金制度など。章末の読書ガイドⅠに挙げた『発達障害のある人が受けられるサービス・支援のすべて』参照。

(10)精神障害のある人が一般の労働市場で働くことを支援する制度や施策のことです。二〇一八年四月から、障害者雇用促進法の対象に精神障害者が加わりました。これにより、事業主は雇用する労働者の二・五パーセント(二〇二四年)に相当する障害者を雇用する義務があります。また、精神障害者の職場定着を促進するために、主治医との連携や職場環境の整備などの支援策もあわせて考慮されます。

してほしくないのは、難しいことばかりだからと、受診をあきらめるようなことは絶対に避けていただきたいということです。

自身の経験からいえば、これまで人生でどうも納得できない、不可解だと思われていた出来事の理由が、診断によってほとんど明確になりましたので、精神的にかなりすっきりしたことは確かです。さらにそこから特性を探っていく過程で、自分自身を整理することもできました。**わたしにとっては発達障害の診断こそが、人生の大きなターニングポイントになったのです。**

次章からお伝えしていくことは、少なくとも自身が発達障害であることに気づき、そのうえでいまの生きづらさは二次障害からきているのだと理解している方々を想定しています。しかし、発達障害とはほとんど関係がないと思われている方でも、読んでいただければ「ひょっとしたら」と思う部分があるかもしれません。小さなことでもそれに気づいているかいないかは、のちに大きな差となる可能性もあります。そのような観点でも読んでいただけると幸いです。

「いきのびる」ための読書ガイドⅠ

第一章　発達障害とは

黒坂 真由子『発達障害大全――「脳の個性」について知りたいことすべて』（日経 BP、2023 年）

大全というだけあって発達障害の全体像をつかむには最適の本。医師や研究者、教育者など専門家に取材した「外側の視点」と、当事者にインタビューした「内側の視点」などで構成されており、「あれば助かる」一冊。

川端裕人『「色のふしぎ」と不思議な社会――2020 年代の「色覚」原論』（筑摩書房、2020 年）

わたし自身、「先天赤緑色弱」の当事者でもある。色覚異常は発達障害と同じ「スペクトラム」（連続体）であり、最新の研究では軽微な色覚異常者が人口の 4 割を占めるとされる。「スペクトラム」についてあらためて考えさせられる。

社会福祉法人嬉泉監修『発達障害のある人が受けられるサービス・支援のすべて』（ナツメ社、2023 年）

幼児期、就学期、就労期のほかに、中高年には必須の「親なき後への準備」も扱っており、これ一冊ですべての世代にわたるさまざまなサービス、支援をカバーしている。

第二章　自らを知る

情報を入手して、検討する

まず「自分を知る」こと。

古代ギリシア、デルフォイのアポロン神殿の入り口には「汝自身を知れ」と刻まれていたように、これこそが人生最大の難事業といっても過言ではありません。自分自身を知るにあたってどうしても他者との比較が必要になるので、まずは他人を知らなければなりません。しかし、これは他者の認識が苦手な発達障害者にとってはハードルの高い仕事になります。普通の人にとっても簡単なことではないのですから、発達障害者にとってはなおさらです。

わかりにくいからといってそのまま放置しておけば苦しみは増すばかりですので、第一章でも少し触れたとおり、まずはでき得る限り「発達障害の特性」についての情報を手に入れて、医師や専門家との相談や検査を実施したうえで、自らの経験に沿ってその特性を探ることが最低限必要になります。もちろん親しい友人や家族に自分の特徴を聞くということも手段の一つです。

わたしが二次障害としてのうつ病に苦しんでいた二十年以上前（二〇〇〇年代初頭）は、大人の発達障害に関する情報はほとんどありませんでした。ですが、いまではこうした情報はテレビやインターネット、書籍などから容易に手に入ります、というか、むしろあふれかえっているといっても過言ではないでしょう。昨今、ＹｏｕＴｕｂｅなどで発達障害当事者が自らの特性を語っている動画などを見るにつけ、いまほどの発達障害の情報があればわたしの人生は間違いなくなにかが変わっていただろうと感じます。

というわけで、**日頃からなるべく新しい情報を探っていくことを心がけましょう。発達障害の原因や対処法などはいまだに手さぐりのようなところがありますので、なにか新しい解釈や対策があればそれを手がかりに、より生きやすい状況をつくっていけるかもしれません。**

幅広く情報をあつめるなかで気をつけたいのは、当事者自らが発信している情報に関していえば、発信を積極的に行うのは、どちらかというと特性が強く出ている方が多いということです。それゆえ苦しみも大きく、早い段階で自覚することができたのでしょう。

実はうつ病で苦しんでいた当時、発達障害の二次障害を疑って、当事者であるテンプル・グランディン(1)やグニラ・ガーランド(2)の伝記や自伝などにも目を通していたのですが、わた

(1)コロラド州立大学動物科学教授。動物学博士。自閉スペクトラム症の当事者であり、同啓発活動において世界的に影響力のある学者の一人。伝記に、サイ・モンゴメリー『テンプル・グランディン――自閉症と生きる』(杉本詠美訳、汐文社、二〇一五年)

(2)自閉症スペクトラムの機能障害を持つ。大学で自閉症及び知的障害について勉学を積み、自閉症・アスペルガー症候群についての相談や指導について長い経験を有する。自伝に、グニラ・ガーランド『ずっと「普通」になりたかった。』(ニキ・リンコ訳、花風社、二〇〇〇年)

しから見ればかなり極端な特性としか思えず、自身のことだとはとても思えなかったのです。ひょっとしてわたしにもその要素があるかもという思いはよぎりましたが、あったとしても個性程度にとらえればよいと楽観的に考えていました。当時は、大人の発達障害や発達障害グレーゾーンについてはほとんど知られていませんでしたので、ピンとこなかったのでしょう。

自分では「気づきにくい」ことを念頭に、もし違和感を覚えたなら、しばらくは手あたり次第に情報収集することをお勧めします。インターネット上の情報はときに玉石混交であり、不正確な情報もあることはありますが、信頼できる医師らによる著作や解説等を頼りにすることで、なんとか正しい情報へアップデートしていくことはできると思います。この章で述べるわたしの特性の半分以上は、インターネットや著作などから得た情報で初めて自覚した特性です。

「特性」が明確になってくれれば、それでまず一歩を踏み出せたことになります。この一歩と同時並行して必要なことは、「自分をとりまく人々、そして物理的な環境」を把握することです。後者のほうは次章で扱いますが、そのどちらについても輪郭が明らかになってくれれば、自分の短所に配慮したり、長所を伸ばしたりすることが可能になってきます。これはわたしの経験からはっきりいえることです。

ただ、大事なことは決して完璧を目指して「無理な努力」はしないことです。無理をすれば、結局はその努力が過剰なストレスとなって自分に跳ね返ってきます。「そこそこ」のレベルで「折り合いをつける」こと、それは簡単なことではありませんが、まずはそのレベルを目指しましょう。

こうしたことは発達障害者が人生における「生きづらさ」を少しでも軽減していくために、是非ともやっておくべきことだとわたしは考えています。それでなくとも人間というのは年齢を重ねていくにつれて、精神的にも身体的にも自然に歪みが出てしまうものなのですから。

気づきにくかった特性

ここからはASDやADHDというカテゴリーにこだわらず、わたしが五十代で自覚せざるを得なかった特性について、まずは幼少期から発達障害の診断を受けるまでを振り返る形でもう少し詳しく掘り下げていきます。「カテゴリーにこだわらず」としたのは、前章で述べたように特性を明らかにする過程でASD、ADHDのどちらに属するのか、判断がつきかねることも多かったからです。

以下の本文中でASDやADHDに触れることもありますが、あくまで話をわかりやすくするために便宜上用いているということをご了承ください。

幼少期、青年期

さて、一般的に発達障害の診断については、幼少期にすでに特性があったかどうかが重要な診断基準になりますが、わたしの場合、これがあまりはっきりしていません。当事者の手記のなかには、三~四歳ころの経験を鮮明に記しているものもありますが、わたしにしてみれば驚異的です。当時の記憶は残念なことにほとんどないのです。

母親によれば、特筆すべきエピソードは三歳のころに自動車の図鑑を見せたところ載っていた車をすべて覚えてしまったということや、発話が遅れたということくらいで、これなら定型発達の子どもにもよくある話です。

絵を描くのも得意で、いまあらためて見ると確かに三歳で描いた絵は同年齢の子どもに比べてそれなりの作品になっているように思われます。両親ともに絵は達者でしたので(のちに母親は日本画家になりました)、その才能を受け継いだのでしょう。

第一章で述べたように母親に発達障害そのものについて説明はしたのですが、八十歳近い高齢者にとっては簡単に理解できるような話ではありません。「自分の息子が障害者なんてとんでもない」という意識もあったかもしれません。あれこれと質問をしても的確な返答はほとんどなく、結局単なる思い出話で終わることもしばしばでした。そうこうするうち母は他界してしまいましたので、幼少期のわたしにどの程度の特性があったのかはいまだによくわかりません。

かかりつけの医師によると、大人の発達障害を疑って受診される方々のなかで、幼少期の記憶や記録が残っている方は稀だそうです。医師の側における診断の難しさをあらためて裏づける言葉でもあります。

自身で覚えているのは、かなり神経質な子どもだったということです。とにかく四六時中「唇を噛む」癖があって、さらには唇の皮を血が滲むほど指でむしってしまうのです。この癖が長く続きましたが、たぶん二十代のころだったと思います、なにが原因かわかりませんが、無意識のうちに「指の皮をむしる」癖にとって代わりました。この行為には最近になって病名がついて「皮膚むしり症」と呼ばれるそうです。指と爪のあいだにある皮膚を強く爪側に押し込むことを続けていると、やがてそこが角質化します。その角質をむしりとると、それに連なる皮膚もむけていき、指先全体の皮膚をはぎとってしまうことになります。もちろんやりすぎれば指の皮膚はささくれ状となって、ときには血が滲んできます。

こういう症状はリストカットや抜毛症などと同じ「自傷癖」の部類に入ります。自傷することでストレスを解消したり、安心感を得たりする自己治療的な意味合いがあるそうです。一方で発達障害の側から見ると、同じことを繰り返すＡＳＤの「常同行動」に含まれるという見方もあります。(3)

(3)岡田尊司『発達障害「グレーゾーン」──その正しい理解と克服法』(ＳＢクリエイティブ、二〇二二年、四一頁)

「唇を噛む」癖にとって代わった「皮膚むしり症」も長く続いていましたが、あるとき自分で意識的にやめようと工夫をしたところ、短期間でやめられました。それは簡単な呼吸法を行ったことによるのですが、これについては後述(一八八頁)します。

どちらにせよ幼少期、青年期を通じてストレスに弱かったということははっきりしています。

なにかおかしいと感じ始めたのは、ようやく高校時代になってからです。友人たちと軽音楽のバンドを組んでいたのですが、あるときから関係がぎくしゃくするようになり、結果的にわたしだけそのグループから疎んじられる結果となりました。

自分ではどうしてそうなったのかよくわからないのです。

いまにして思えば「空気を読まずに衝動的に話をする」あるいは「はっきりものを言いすぎる」といった特性が影響していたのかもしれません。しかし、当時はそうしたことはまったく意識していなかったので、なんとも狐につままれたような思いでした。

本来こうした特性を持っているなら、幼少時からいじめの対象になるところですが、わたしは明確にいじめられた記憶は一度だけ、小学生のころ同じクラスの生徒にランドセルを奪われて返してもらえなかったことがあるくらいです。

これはたぶん、ほかの子どもより成績が比較的よかったことが理由の一つと考えられます。みなさんも経験されているかもしれませんが、多少変わったところのある子どもでも成績さえよければ許されてしまうことがあるものです。

中学では学年トップではありませんでしたが、成績のよいグループに属していたおかげで、高校は県内の進学校へと進みました。

ところが、高校に入って状況は一変しました。中学時代は試験前に一夜漬けをすればそれなりの成績を維持することができていたのですが、高校へ入るとまわりは上位の成績をとってきた生徒たちばかりです。科目も勉強量も多くなり、一夜漬けでは対応しきれずに成績は一気に下降して、学年で最下位近くをうろうろとしていました。

するとなにが起きたかというと、クラスメイトのわたしに対する対応が目に見えて変わってきたのです。もともと小中学校で上位の成績をとってきた生徒たちですから、自分たちが下位の成績に甘んじた経験はほとんどなかったのでしょう。彼らはこれまで成績のよくない生徒に無意識にとっていた「日常的な」態度を見せ始めました。つまり、露骨に見下したり、馬鹿にしたりし始めたのです。

こういう立場に立たされた経験は初めてだったので（いま思えばよい経験でしたが）、正直とまどいましたが、そのうち反発心がむらむらとわいてきました。いまでもはっきり覚えていますが、高校二年の二学期からわたしは猛勉強を始めました。授業はほとんど無視して自己流で勉強を始めたのです。普通なら教師にとがめられそうなやり方でしたが、どういうわけか教師のほうも寛容で、特に文句もいわれませんでした。

徐々に成績が上がり始めて、大学受験前には学年でそれなりの順位まで上がり、その勢いで中堅大学に合格しました。ただ、わたしの気持ちはこれではおさまらず、浪人してさらに上を目指すことに決めました。

このとき、担任だった体育教師にお世話になったお礼に行きましたが、この教師が開口いちばん放った言葉が「おまえ、来年は受からないぞ」です。要するに中堅大学への合格はまぐれあたりで、そんな大きなチャンスをなんで放棄するのかと彼は不満だったのでしょう。いまでもこのときの驚きと不快感は心に刻み込まれています。

しかし、考えてみればその言葉があったからこそ、浪人中の勉強にいっそう集中できたということもあります。そして、結果、有名私大の難関学部に合格することができたのです。発達障害の子どもによくあるいじめの問題は、皮肉なことに発達障害者特有の集中力とこだわり、その結果としての成績のよさのおかげで無意識のうちに切り抜けられたようです。

さて、その後の学生時代はただ遊びほうけていただけで、勉強した記憶はほとんどありません。大学生活も後半に入ったころ、たまたま読んだロバート・キャパの『ちょっとピンぼけ』(文藝春秋、一九七九年)でフォトジャーナリストにあこがれ、冒険心も手伝って、ある紛争国へ行くことを急に思いつきました。当時、その国には他国が侵攻して内戦状態が続いていたのです。軽率な話ですが、当時読んだ矢作俊彦・大友克洋の漫画『気分はもう戦争』（双葉社、一九八二年）におおいに影響されたという面もあります。

思い立ったら行動せずにはいられず、生まれて初めての海外旅行にあろうことか戦場を選んだというのも、いま振り返ればＡＤＨＤの特徴のようです。こういう危険を好む行動はセンセーション・シーキングというそうです[4]。

ここからは本筋とは関係のない話ですのであっさりと書きますが、まず隣国へ飛び、運よくイギリス人フォトジャーナリストの協力が得られたことで、結局、ど素人の学生が紛争当事国に潜入できてしまいました。最前線には二週間ほど滞在しましたが、そのあいだに武装ヘリや戦闘機による攻撃などがありましたので、へたをすれば生死に関わる事態となっていたでしょう。

しかし、このおかげで「やればできる」という思いを強くしたのも事実です。

マスコミと国際協力

その後、フォトジャーナリストからジャーナリストへと想いは移り変わり、就職は報道機関に応募することに決めました。一度目は一次試験であえなく失敗、仕方なく一般企業の面接にも臨んだのですが、こちらもことごとく失敗。それならと一年就職浪人をして翌

（4）前掲『発達障害という才能』（二四四頁）

年再度挑戦した結果、なんとか入社することができました。

入社後は地方支局にて新人記者お決まりの「サツまわり」（警察担当）から始まり、とにかくがむしゃらに働きました。このころはただ朝昼晩駆けずりまわっていた記憶しかありません。火災、交通事故から殺人事件、街ネタまで、話を聞き、写真を撮り、そして書くの連続です。平日は全力疾走して、休日は泥のように眠るだけでした。

ようやく仕事がおもしろいと感じられるようになったのは三年をすぎたころからです。一方でちょうどその時期、発達障害の影響もあったのだと思いますが、取材を通じた人との接点に限界を感じるようにもなりました。

一般に報道機関の取材の仕方は大きくわけて二つあります。一つは普段から多くの人に接して大きな投網を打ち、おもしろいネタをつかまえてはそれを書く。もう一つは情報源となる人物に食らいついて、捜査情報をわずかに漏らしてもらってそれで特ダネを書く。夜討ち朝駆けの世界です。

前者は、とにかくがむしゃらに歩きまわって人に会っていればなんとかネタはひろえます。これはADHD的要素が奏功したのかけっこう楽しみながら仕事ができました。もちろん体力勝負です。ところが後者は、本来は表には出ないような話を情報源（たとえば刑事、検察官）に深く食い込んで書くという能力が求められます。やはりコミュニケーション能力に長けていること、さらに人の懐に入るという生まれ持っての才覚と相当の忍耐力が必要になってきます。

努力不足といわれればそれまでですが、どんなに努力しようともこの差は大きく、ほかの記者に大きく水をあけられていることは自分自身がよく承知していました。

とにもかくにも、こんな状況で日々の仕事に疲れ切ってしまい、ストレスはたまる一方で酒ばかり飲んでいた記憶があります。

そんな自分に限界を感じてしまったことや、過度の疲労もあったと思います。そうしたことが積み重なり、報道記者の仕事は五年で退職することに決めました。しかしより大きな理由として、紛争国に潜入したときの鮮烈な体験が依然として心のうちにくすぶっていて、もっと広い世界を見たいという気持ちが収まらなかったこともあります。

気持ちの整理がついてからの行動は速かったと思います。

国際協力や発展途上国の問題にとり組んでいた友人の影響もあって、いきなり現場へ行く前にまずは国際協力に関する基本的な知識を得ようとイギリスの大学院への留学を考えました。

留学で修士号を取得して、帰国途中にアジアを半年ばかり放浪して戻ってからは、発展途上国での仕事を希望して日本のＮＧＯの現地事務所で仕事を始め、その後日本の援助機関に雇われる形で、国際協力の分野で十年以上仕事を続けました。

この分野は、もちろん所属する団体や役割にもよりますが、「こうすべき」という規則めいたものはほとんどなく、自分がやりたいことをかなりの自由度を持ってやれるという意味でわたしには最適の仕事だったと思います。

ただ、長く仕事を続けているとどうしても異文化疲れが出てきます。国によってはテロが頻発するなど紛争状態のなかでの緊張もあります。なかんずく難しかったのは現地の日本人との付き合いでした。一般的に現地の日本人社会というのは非常に密度の濃い村社会で、みな一様に異文化のプレッシャーのなかでテンションの高い生活を強いられています。ここでもかなりのコミュニケーション能力が必要で、結局、滞在期間が長引けば長引くほど、ストレスフルにならざるを得ませんでした。

ですが、こういうことは発達障害の診断を受けたあとで振り返ってみて明らかになってきたことで、当時はそれほど大変なことだとは思わず、スポーツなどでよく体を動かして、酒でも飲んで寝ていれば回復するだろうと軽く考えていました。

それがそうならずに知らずに少しずつ積み重なり、冒頭で述べた破局と喪失もあって四十代半ばにうつ病に陥ったという次第です。

運よく脱出、不測の事態

ここまで読んで、みなさんのなかにはわたしが「順風」の人生を送ってきたという印象を持つ方もいらっしゃるかもしれません。大人の発達障害のなかには、社会に出て挫折経験を繰り返して精神的にボロボロになり、引きこもりになる方も多くおられます。それに比べれば、少なくともうつ病でどん底に叩き落とされるまでは、ずいぶん自由にやってきたようだ、といわれれば表面的にはその通りです。以下は本筋とは少しそれますが、このあたりの事情について少し触れておきます。

たしかに「順風」の人生かといわれれば、そのような意識はまったくなかったとはいえませんが、希薄だったことは確かです。どちらかといえば、行きあたりばったりの人生と表現するほうが正確です。これまで書いてきたことに反するようですが、退社、留学、途上国へ、NGOから援助機関へ、という一連の進路については、決してわたしの思い描いた通りに進んだというわけではありません。とりあえず節目ごとにあとづけで「綺麗ごと」的な進路選択の理由を付していますが、なかには人間関係の行き詰まりや軋轢、過度の疲労などからの「脱出」という側面もあったことは否定できません。言い換えれば、精神的な限界を察知した時点で苦境から逃げ出す準備にとりかかり、それがたまたまうまくいったともいえるのです。

このような自身の経験からすれば、発達障害者に転職が多いというのは自分としてはよくわかる話です。現在、職場の軋轢などで苦しんでいる大人の発達障害者の方々に特に申し上げたいのは、あらかじめ最悪の事態を想定して早めに準備にとりかかっていただきたいということです。日本の一般企業では、一度正社員を辞めてしまうと他社の正社員に戻るのは非常に難しいことは承知していますが、自身を潰してまともに働けなくなるよりはよほどましです。

明確になった特性

さて、話を戻します。

うつ病を患ったわたしにとって問題となったのはやはり人間関係です。

定型発達の人たちにとっても「職場の悩みは人間関係が八割」といわれるくらいですから、発達障害を持った人たちにとってみればいっそう厳しいものがあります。

その昔、人類（ホモサピエンス）にとって相手の気持ちを理解する、あるいは理解にまで至らなくても忖度することは必須の能力でした。お互いに協力して獲物を捕獲したり、集団生活を維持したりするためにはそうせざるを得ませんでしたし、この能力ゆえに「いきのびる」ことが可能になったことは明らかです。

その必須の能力がわたしはどうも弱い……、そう感じ始めたのは中年期をすぎてうつ病を患ってからです。うつ病になれば当然ではありますが、対人関係に関する能力がツーランクもスリーランクも落ちてしまいます。引きこもりや人嫌いにもなります。一度患ってしまうと、仮に職場に復帰したとしても対人関係能力（ヒューマンスキル）の弱いままで人付き合いを続けなければなりません。こんな状況で自身の発達障害の特性がより露わになったように感じました。

うつ病を患って以降、「共感力が弱い」こと、また「こだわりが強い」こと、「怒りっぽい」ことなどを漠然としながらも感じ始め、短期的な仕事をしたあと、五十代後半に精神障害者雇用で再就職したことで対人関係に違和感を覚え始め、「これは明らかにおかしい」と決定的に自覚するようになりました。

発達障害と診断されたのもこのころです。

診断のおかげでこれまで感じてきた違和感の裏づけがとれて、「やはり、そうだったのか」と当初は一種の爽快感さえ感じたほどです。ただ、その気分は数日で消え去りました。たぶんもっとも大きな変化は、**ようやく自身の抱える問題にしっかりと向き合えるようになった、その転換点になったということでしょう。**

ここからは、再就職した職場でいっそう明確になったわたし自身の発達障害の特性について書いていきます。

共感性の弱さ

子どものころから、人がなにかに困っているような場面に遭遇しても、その状況と人の気持ちをよく理解して思いやりのある対応をすることが苦手だったようです。自分ではあまり意識したことはないのですが、学生時代にガールフレンドから「そっけない」と言われたことを覚えています。当時は、そう言われたので、そうなのかなと思う程度でした。ただ、その後の社会人人生では再就職するまで、それにより大きな支障が生じたという記憶はありません。それは選んだ職業が、ストレートに人の感情を読みとるような仕事ではなかったことによるのでしょう。たとえば、看護や介護の仕事など患者や高齢者に最大限の心の配慮が求められる、いわゆる「感情労働」はまず難しいことは自分でもわかります。

ただ、誤解されるといけないので記しておきますが、幼い子どもが犠牲になるような事件事故のニュースなどにはいつも胸が締めつけられる思いがしますし、アニメや映画でも涙することは多々ありますので、いわゆる「冷酷無比」というわけではないのです。

そうはいっても、どこかに「共感力が弱い」という意識はあったようです。

こういう場合に遭遇したら定型発達者はこのように反応するものだと少しずつですが経験的に学んできましたので（だと思います）、いまではそれなりに「思いやりを持った人間」らしき言動をとることはできますが、本心から心を寄せているのかと問われれば、自信をもってイエスとはいえません。なおかつそれは意識しないとできないわけですから、普段の表情や態度はまわりから見れば「情の薄い」ものになってしまうのでしょう。

人から悩みを相談されても共感を抱いて話を聴くということができず、あっさりと結論を下してしまう「断定」癖もありました。いまどき男性が女性に対してこうしたことをしてしまうと、女性に対してマウントをとろうとする「マンスプレイニング」とみなされてしまうのですが、わたしは誰彼かまわずこの「マンスプレイニング」を無意識のうちに繰り返していたようです。

先述のとおり学校の成績は比較的よかったので小中高大学を通じてリーダー的な役割を担ったことはありますが、当時からどうもこれはわたしには向いていないということを漠然と感じていました。これは別段発達障害者でなくとも、人望をあつめる人物というのは周囲から自然と認識されてくるものです。「将器（将軍の器）は天賦」という言葉が端的に伝えている通りです。

なにしろ人の心を把握する能力が弱いうえ、自分では無自覚でしたが人間的温かさがないのですから、人は積極的にはついてきません。グループをまとめることは苦手でした。

空気が読めない

「共感性が弱い」を別の側面から見れば容易に類推できることですが、「空気が読めない」という面もあります。

「空気を読む」をわたしなりに解釈すれば、その場の「暗黙のルール」を把握して「場違いな発言、態度、行動をとらない」ことに集約されるように思います。自明なことですが、特に日本においては生き抜いていくためになくてはならない能力の一つです（第三章「和の力」参照)。

「KY」(空気が読めない)というのは一時期、若い人のあいだで勘のにぶい人々をいじる言葉としてずいぶんはやりましたが、その当時わたし自身もその一員だという認識は皆無でした。しかしいまにして思えば、「空気を読む能力が十分でない」と考えると辻褄の合うことが実に多いのです。

たぶん、「空気が読めない」ことで仕事上もっとも大きな支障となるのは、職場のタブーを公にして、上司の立場をないがしろにしてしまうことではないでしょうか。

どんな職場にも、それが不自然だと思えることでも、それには極力触れないでいようという「空気」はあるものです。たとえばこれはわたしの実体験ですが、少々妙なところのある領収書でも、それに対して疑義をとなえることはせず、整然と処理することが慣例となっているような場合です。いちいち「これはどういうことなのか」と上司に詰め寄るようなことをしてしまうと、あとあと困った状況に追い込まれます。管理する側としてはなにを言い出すかわからないので、危なっかしくて大事な仕事をまかせられなくなります。

そのようなときはそのままやりすごして、どうしても納得できない問題であるならときを経て、部署を離れるとき、会社を辞めるときなどに申し立てるべき、というのが、道理にかなったやり方なのでしょう。

還暦にもなるのに、どうしてこの程度の処世術を身につけられなかったのか自分でも不思議でなりませんが、一因として報道に関わっていたころの正義感があることは否めません。そのような青臭い正義感をストレートに放てるのは、大きな報道機関の一員である場合にのみ可能になるということを認識していなかったのです。それに加え、世にいう「正義」や「大義」さえとなえていれば、たいていの場合相手側は言い返せないということを無意識に体得していたからこその、「正義」発言でもあったわけです。そのころ報道機関の仕事を離れてすでに三十年近く経っていたのですから、いくらなんでも少しは学んでいるべき年齢だと思うのですが、本当におめでたい存在としかいいようがありません。

付け加えておけば、これは「空気が読めない」反動だと思いますが、人との会話を理解しようとするあまり相手の目や唇の動き、表情、声のトーンなどに全神経を集中させていることがよくあります。そうした張り詰めた雰囲気は相手に容易に伝わるもので、会話が次第に重たくなってしまい、相手の沈黙さえも招いてしまいます。それではいけないと、なんとか明るく振る舞おうとするのですが、うまくいくはずもありません。こうした無理な会話を続けていると、話し終わるころには脳疲労でグッタリしてしまうのが常でした。

さらにいえば、相手のことがよく見えていないためなのでしょう、人と話をしたあとでその人がどのような気持ちになったのかを非常に気にしてしまいます。ときに相手に「なにか不快な印象を与えたのかも」と思い至るやいなや、それを何度も反芻して自分を責め続けてしまうのです。こうした執拗な自責癖こそが、自己評価を著しく下げてしまい、うつ病すれすれのストレスを常に抱え込んでしまっていた原因の一つと思われます。

不用意な発言

たまたま知り合いに出くわしたので、ちょっと冗談交じりに挨拶したところ、相手の顔がみるみるこわばって、それから続く会話がぎこちなくなってしまったことがあります。なにか相手にとって不愉快なことを言ったらしいということは、あとからなんとなくわかりますが、だからといってどんな言葉がそのような状況を引き出したのかがわかりません。その程度ならまだしも、ときには明らかに相手を怒らせてしまったこともありました。わたし自身には悪意など微塵もなく、まったく自然に会話をしているつもりなのに、です。発言が不適切だったのか、態度がよくなかったのか、不思議でなりませんでした。

よくよく考えてみると、わたしは物事の本質を突くのが大好きな性格で、「嘘がつけない」ところがあります。会話がはずんでいるうちに、「それを言ったらおしまいだ」というようなことをストレートに発言してしまうのです。日本ではこのような「身も蓋もない」「赤裸々な」物言いは嫌がられます。まわりの人たちの表情がこわばっているのに、本人は冗談のつもりなのですから手に負えません。

自分で意識的に話しているわけではないので記憶しているフレーズは少ないのですが、思い出せる会話だけを挙げれば、ひとかたならずお世話になった大学教授の執筆した論文を指して、本人の目の前で「論文というものはほとんど人に読まれないものですよ」と言い放ったことがあります。また、新婚まもない友人夫婦に、あろうことかほかの夫婦の離婚の話題を持ち出して滔々と話してしまい、あとで新婦に苦言を呈されたこともありました。趣味のカメラを手にその素晴らしさを説明してくれる上司に、「へたの横好きですか」などと口に出してしまったこともあります。

極めつきは報道機関に勤務していたころ、ある女性帽子デザイナーの個展の取材に出かけたときのことです。さまざまな作品が展示されているなかで、会場の中心には彼女の自信作と思われる作品が飾られていました。いまでもよく覚えていますが、マネキンの頭にちょこんと乗ったその帽子は紫やピンクのシルクのような素材が使われていて、フリルのようなものがついていました。

それを見るなり、わたしはたまたまその横にいたデザイナーに向かってこう言ったのです。

「シャンプーハットみたいですね」

本当にそう見えたからしょうがないのですが、彼女が「えっ」と口ごもり、やや引きつりながらも無理に口角を上げたことはわたしにもわかりました。

その場はそれで済んだのですが、その後がいけません。彼女はわたしがよく顔を出していた飲み屋の常連でもあったのです。後日、わたしがカウンター席にいると気づいた彼女は隣にやってきて、延々と嫌味を交えた説教を始めました。自分ではなぜそのようなことを言われなければならないのか、とんと見当がつかないのです。しばらくして河岸《かし》を変えるというのでやれやれと安心したところ、やや強引に「あんた、いっしょに来なさい」と言われ、ついて行った先でもいびられ続けました。繰り返しますが、そこまで言われ続けたにもかかわらず、そのときは依然として理由が思いつかなかったのです。自分ではせっかく記事を書いたのだから、お礼くらいあってもいいのに、くらいに思っていました。これはもう阿呆の部類です。

クエスチョンマークを頭に浮かべたまま帰宅し、「ひょっとしたら」と思いついたのは翌日になってからでした。彼女は要するに、小生意気な若造を徹底的に懲らしめてやりたかったのでしょう。

実は同じような「不用意な発言」による困りごとを、発達障害当事者で漫画家の沖田×華氏も経験しています。

言ってはいけないことを、つい言ってしまうこともよくあった。しゃべっているとどうしてもテンションが高くなってしまい、「言っちゃいけない」というところまですぐに到達してしまう。「なんか変なことを言っているな」と思っても、自分の言いたいことは全部言わないと、次の話題に行けないから、やめられなかった。このため子供のころも、二〇代になってからも、トラブルの連続だった。[5]

彼女が自身の発言のおかしさに気づいたのは中学生のころで、意識して失言に気をつけるようになったのは三十代になってからだそうです。わたしの場合は残念ながら五十代になってからです。いくらなんでも遅すぎます。

危うい瞬間

あらためて過去を振り返ってみると、「言ってはいけないこと」が暴発しやすい、危うい瞬間があることにも気づきました。これも本を読んでいてわかったことです。

自閉症当事者であるテンプル・グランディンとショーン・バロンは、ＡＳＤの人々が気をつけるべきルールの一つとして、「正直と社交辞令を使いわける」ことを挙げています。特に注意しなければいけないのは人から質問されたときで、このときに「なんの悪げもなく真正直な返答」をしてしまい、人の感情を害してしまうことがあると指摘しています。[6]

わたしもこれとまったく同じ失敗を懲りずに繰り返していて、知り合いから不意に尋ね

(5)同前(一四四頁)
(6)テンプル・グランディン、ショーン・バロン『自閉症スペクトラム障害のある人が才能をいかすための人間関係10のルール』(門脇陽子訳、明石書店、二〇〇九年、二二二頁)

られたときや会議などで質問を受けたときなどに、周囲が緊張してしまうような状況をつくり出していたことをいまになって自覚するようになりました。日本の会議では必須能力である「あいまいかつ無難な発言」などできるわけもありませんし、発言したことで自分の立場を危険に晒してしまうかもしれないという発想など毛頭ないのです。

次いで、社会に出れば自分自身がどのような第一印象を相手に与えるかというのは、極めて重要なポイントです。その印象は関係者のあいだにはまたたく間に広まってしまいますので、ある意味その後の人生にも影響を与えかねません。日本ではそのような評判によって万事判断されてしまうきらいがあります。どうもわたしは発言を通じてほぼ致命的ともいえるような印象を際限なく人に与えて続けてきたようです。

ちょっと極端な言い方かもしれませんが、発達障害にとって本音は「敵」くらいに考えておいたほうがいいかもしれません。

困った学習

「言ってはいけないことを、言ってしまう」という特性と関連して、わたしには困った学習の傾向があることを中年以降に自覚するようになりました。

それは知人と話していて「これは人には言わないでほしい」と言われたことを、その人の前でやや声高に、あくまで冗談のつもりで繰り返してしまうという馬鹿げた癖です。

この癖の発端になった出来事をよく覚えています。

学生時代に友人と居酒屋で飲んでいたときに、彼が「絶対に人に言うな」と念を押して話した内容をよりによってその場で再び話題にしてしまうと、友人は「ええっ」と驚いて「いま言うなって言ったろう」と不快な顔をしましたが、次の瞬間呆れてしまったのか、突如笑い出してしまったのです。

このときの友人の気持ちをわたしはまったく理解せず、こういうことをあえていうと「人にウケるんだ」と、とんでもない学習をしてしまいました。これこそ「鉄板ネタのギャグ」だという大きな勘違いです。

精神科医の杉山登志郎氏は社会的に問題がない発達障害者でも、気をつけておくべきことがいくつかあるとしています。発達障害であるがゆえに「健常と呼ばれている人々とは異なった戦略で、いわば脳のなかにバイパスをつくって、適応を計るということを行っている。このときにしばしば誤学習が入り込み、本人はそれに気づかないといったことが実にしばしばおこる」[7]というのです。

これは相当困った事態です。

一度こういうやり方が「人を楽しませる」などと勘違いすると、何度も繰り返して大ひ

(7)杉山登志郎『発達障害のいま』(講談社、二〇一一年、二二三頁)

んしゅくをかってしまうことになりかねません。現にわたしは人生において何度かこれをやってしまい、信頼関係を大きく損ねてしまいました。

もう一つ思い出すのは、人は「あるがまま」でいるべきだという「困った学習」です。人間関係がどうもギクシャクしがちだということを意識し始めた中年以降、それをどう解決していくかについて種々の著作に目を通していたなかで、森田療法(8)を紹介する本に出会いました。そこには森田療法の極意として、「あるがまま」の大切さが説かれています。数年を経て本の内容は忘れてしまったのですが、「あるがまま」という言葉だけが強く記憶に残っていて、いつのまにかこの言葉の意味をとり違えていたことに気がつきませんでした。「自分を繕わず、そのままの自分を出しなさい」と、本来とは異なる意味のまま受け止めてしまっていたのです。これが間違いのもとでした。

よせばよいのに「あるがまま」をしばらく意識的に実践したことがあります（そもそも意識する「あるがまま」などあり得ないのですが）。しかし、これはご想像の通り、わたしのような発達障害者がとるべき方法ではありません。それでなくてもわたしはもともと過剰に「あるがまま」なのです。より正確にいえば「わがまま」なのです。それが人間関係を損ねる原因となっているのに、それをさらに二乗、三乗にするような事態をひき起こすことになります。

こうした困った学習をどうしたらよいのか。

本人が普通の生活をしているうえで、マイナス面に対する多くの補いを、意識、無意識におこなっているので、どうしても無理がかかりやすい。したがって、正面からこのような谷間の部分を認識することは非常に大切になる。(9)

その通りなのですが、なにしろ何度も繰り返すように、自分を客観的に見ることが苦手なのです。これはなかなか難しい。

こだわり

こだわりが強いという面もあります。中学に入ったころでしたが、友人たちと連れ立って遊園地へ行ったことがあります。なぜそんなことになったのかよく覚えていないのですが、手持ちの小遣いが十分でなかったために、ほかの友人たちが楽しんでいるジェットコースターやお化け屋敷などのアトラクションに一切参加しませんでした（アトラクションごと

(8) 一九一九年に森田正馬によって創始された精神疾患に対する心理療法の一つ。「あるがまま」について森田は「要するに、人生は、苦は苦であり楽は楽である。「柳は緑、花は紅」である。その「あるがまま」にあり、「自然に服従し、境遇に柔順である」のが真の道である」と記しています。北西憲二『はじめての森田療法』（講談社、二〇一六年、一三〇頁）

(9) 前掲『発達障害のいま』（二二三頁）

にお金を払わなければならないシステムでした）。一日遊園地にいながら皆が楽しんでいるのをずっと一人で外側から眺めて、そのままなにもせず帰ってきてしまったのです。友人たちには、「自分たちがお金を貸すので楽しんだら」とまで言われながらも、「いや僕はいい」と頑なに遊ぶことを拒んでいました。

このときはお金に対する妙な執着でしたが、ときによってこうした「こだわり」の対象は変化します。

たとえば、中学生の理科の時間で自動車のエンジンやギアのしくみについての授業がありました。教師の言う「ピストンが上下して、それが回転運動となり、ギアを使うことでスピードを調節できる」という説明に対して、わたしは「ギアでスピードを調節するなら、ピストンの上下するスピードは一定のはずだ」というわけのわからない主張を繰り返して、まったく譲らなかったのです。理科の教師は、わたしの疑問のために技術・家庭科の教師にも詳しく話を聞いたうえで、次の授業でわたしの理解が間違っていることをわかりやすく説明してくれましたが、今度は議論で負けそうになると自説に固執して譲らなくなってしまうのです。こうなるともう教員もお手上げ状態です。

こうした「こだわり」はいまにして思えば、そういえばあんなこともあったと思える程度ですので、学生時代までは特に生活に支障が生じたというような記憶はありません。

しかし、この「固執癖」は齢を重ねてさらに強化されてしまったようなところがあります。精神障害者雇用で再就職してからも当然のごとくこの特性が発揮されてしまい、一度なにかに引っかかると納得するまでにっちもさっちもいかなくなるというようなことがありました。先に述べた、納得できない領収書などがよい例です。

とはいえ、ある時点までこだわったとして、なにかの拍子に気が変わるとポイと放り出してしまうこともありました。「エンジンのしくみ」に関するこだわりも、授業の終わりに近くなって「もういいです」とあっさりと引き下がってしまいました。

人生を振り返ってみると、このパターンが実に多いのです。細部にまで執拗にこだわった挙句、なにかの拍子に気が変わると簡単に見限ってしまうのです。たぶん第一章で述べたＡＳＤとＡＤＨＤの「特性の併存」が関わっているのかもしれません。

傲慢と尊大

まわりからなんとなく「疎んじられている」と感じ始めたのは、やはり中年になってからでした。若いころはがむしゃらに仕事に向かっていましたので、そんなことを気にしている暇はありませんでした。

その「疎外感」を少しずつ自覚して以来、原因を求めて過去の経験をたどってみると、わたしの発言や態度になにやら傲慢なところがあるようだ、ということを意識し始めました。

精神科医の岡野憲一郎氏はこの理由の一つについて次のように指摘しています[10]。

アスペルガー傾向のある人は独特の世界観を有していて、そこから一方的に物事を見ており、物事の一面しか見ていない印象を与える。それがときには「どうしてこんなこともわからないのか」という「ひどく傲慢な、あるいは自己愛的な印象を与える」のだそうです。

そういう面があることは確かに否定できません。

岡野医師はアスペルガーの人たちについてこうも表現しています。

彼らは「気が弱く、臆病なのだ」。

そんなことは言われなくてもわかっている、といいたいところですが、これは本当にその通りです。どうにもならない薄弱さ、かぼそい性格、それがあるがゆえにどうしても「大きなもの」や「有名なもの」「一時的に気を紛らわせるもの」「誰か」に頼ってしまう性向があるのです。

ただ、問題なのはそのような「気弱な臆病者」のなかには「ある一芸に秀で、それを通して自分が優れているという感覚を過剰に持つ人もいる。すると変な自信がついて傲慢に振る舞う」ようになる、いわばナルシストになってしまうことがあるというのです[11]。

岡野医師は大学時代の知人を例に「一芸に秀でることからくる傲慢さ」について説明しています。

その知人は、高校時代は勉強をせず、劣等生扱いを受けていたそうですが、高校三年生の最後の半年で一気に受験勉強をしあげて有名大学に合格したため、これが「実に大きな成功体験」となったそうです。知能テストでもＩＱ１５０台を出して、頭のよさが彼にとっての一つのアイデンティティとなったのです。大学時代は「単位獲得のためにあくせく勉強するクラスメイトを完全に軽蔑」してしまい、なおかつ飲み会でも空気を読まずに「俺はアタマがいいんだ」オーラを発し続けたため、周囲から総スカンをくらってしまいました。その傲慢さがあだとなって就職してから社会的不適応を起こし、半ば自宅に引きこもりのような状態になったということです[12]。

この人物の優秀さにはわたしなど及びもつきませんし、いくらなんでもここまでの傲慢さをわたしは持っていないと信じていますが（あるかもしれませんが……）、この岡野医師の知人に関する文章を読んで、引きこもりに至る過程にどこかわたしとの共通点を感じたことも事実です。

わたしの「一芸に秀でた」面をいえば、この「大学時代の知人」と同じように大学受験での成功体験がその一つです。もちろん紛争地に潜入できた経験もそれにあたります。これが大きな自信となったことは確かですし、ひいては傲慢さに結びついて人生を通じてそ

(10)岡野憲一郎『自己愛的《ナルシスティック》な人たち』（創元社、二〇一七年、九七頁）
(11)同前（九八頁）
(12)同前（一〇四頁）

の態度が続いていたのかもしれません。

「共感性の弱さ」「空気が読めない」といった特性とは別の側面からのアプローチですが、歪んだ自己愛からくる「自分は優秀だ、やればできる」という傲慢さが、長い目で見て周囲から疎外されるような状況をつくり出し、結果として二次障害につながってしまった、という筋書きもわたしとしては了解できます。

距離がとれない

人間関係の距離をとることがへただということにも最近気がつきました。知り合った人物と初めは親しくなるのですが、しばらくするとこちらから距離をとってしまうという自分にとっては不可解な現象が過去によくあったのです。どうしてそうなってしまうのかずっと不思議でならなかったのですが、当事者である、こだまちの氏の手記を読んで納得がいきました。(13)

こだま氏は、人を気に入ってしまうと憑依のごとく同化したがる性癖を持っていて、好意のあまり近づきすぎて嫌われることもあったそうです。そのために自身に講じた対策は、「メールは何回まで、誘ってよいのは何回まで、踏み込んでよい話題はここまで」などのルールを設けて、それを守ることで他人となんとか距離を保つようつとめていました。

さすがに「憑依のごとく同化したがる」レベルではありませんが、確かにわたしには気に入った相手に近づきすぎてしまう傾向があります。しばらくして今度は相手の嫌な面、つまり相手の自我が見えてくると途端に自分のほうから離れてしまうのです。たぶん相手のほうにもわたしの自我の嫌な面が見えていたと思います。そのうえで急に距離をとられたなら、邪険に扱われたように思えたでしょう。自分なりによい関係を保とうと必死で努力はしているのですが、どうしても「距離感」がつかめないのです。

自省してみると、まず自分というものに基準がないものだからどうしても精神的に不安定になりやすい、そのために妙に他人に合わせてしまったり、自分の思う勝手な基準にこだわってしまったりする。こうしたことが複合的に起きているのかもしれません。

フラッシュバック

つい最近のことですが、もう一つ、発達障害が関係していると思われる特性を「発見」しました。還暦をすぎてなにをいまさら「発見」かと思われるかもしれませんが、本当にいまさら、なのです。

すでに述べたようにわたしは会社を辞めて自宅療養していましたが、その折、たまたま脳梗塞のあとで「高次脳機能障害」となったルポライター鈴木大介氏の闘病記に目を通し

(13) こだまちの『どうして普通にできないの!――「かくれ」発達障害女子の見えない不安と孤独』(協同医書出版社、二〇一七年、一二二頁)

ていました。必死のリハビリ過程を克明に記しているその著作の内容のなかで、「高次脳機能障害」の症状の一つがわたしが日頃苦しんでいる症状とほとんど同じであることに気づいたのです。鈴木氏は「マイナス感情への拘泥」と名づけて、この症状を説明しています(14)。

病前は「自分にとって不快なことは積極的に考えないようにすることができたし、簡単に忘れることができる人間」だったそうです。ところが病後はそれが逆転してしまい、一日中、嫌なことをされた記憶が心の片隅にあって、ふとした拍子にその記憶に注意が向くと、「嫌なことをやられた時と同じサイズで怒りが出てきてしまう」ようになったのです。これはまさに「フラッシュバック」そのものです。初めてこのような経験をして「こんなにも苦しいものだとは思わなくて、戸惑った」というのです。

そして、あるとき、長年連れ添った発達障害の特性を持つパートナーが、同様の症状で苦しんでいることに気づきました。夫婦間でささいなトラブルが生じると、彼女はかなり長い時間、ときには数か月単位で不快な感情を捨て去れずにいたそうです。

「フラッシュバック」と発達障害の特性とのあいだに共通性がある……。

ああ、これはわたしだとその瞬間思いました。これこそ、わたしが物心ついたころからずっと悩まされてきた症状だと、このとき初めて気づいたのです。

「フラッシュバック」とは、危機的な記憶が安全な生活になってからも解除されずにいつまでも残り、些細な刺激から昔の体験が生々しくよみがえる現象のことをいいます。わたしが日常的に経験していることは、PTSD（心的外傷後ストレス障害）と比べれば軽いものだということはわかりますが、そうはいってもなにかをきっかけに突如それに襲われたときは相当つらいものがあります。(15)

こうした「フラッシュバック」に苦しめられたことは、若いころから何度もありました。そのときの場面と感情がまさにリアルに戻ってきて、恥ずかしさとやりきれなさで、げんこつを空に向けて突き出したり、頭を振ったりしてなんとかそれを追い払おうとしたり、あるいは叫び声を上げてしまったり……。

うつ病を患うまでは酒を飲んで騒ぐことが大好きだったこともあって（うつ病をきっかけに酒は止めました）、宴会のあとでしらふに戻ったときにこの手の失敗を思い出すことが非常に多く、そんなときは翌朝、布団のなかでしばらく恥辱にまみれてうめき声を上げっぱなしということになります。自分の発言を思い出しては「いったいどうしてあんなことを言ってしまったんだ」「自分は馬鹿だ」「死んだほうがましだ」と自分を責め立てるのです。

（14）鈴木大介『されど愛しき妻様――「大人の発達障害」の妻と「脳が壊れた」僕の18年間』（講談社、二〇一八年、一七六～一七九頁）、及び鈴木大介、山口加代子『不自由な脳――高次脳機能障害当事者に必要な支援』（金剛出版、二〇二〇年、七八頁）

（15）「タイムスリップ現象」ともいわれます。前掲『発達障害のいま』（一四二頁）

精神障害者雇用で仕事を始めてからは、仕事上のミスで叱責されたり、いきなり怒鳴られたりと思い出される屈辱的な事柄は事欠きませんでしたので、その後は「フラッシュバック」の連続でした。

困るのは怒りや恥を感じた状況だけでなく、過去のありとあらゆるネガティブな記憶がずるずるとそのまま引きずり出されてきて自らを苛み続けることです。「空気が読みにくい」ことからくる自責癖とも重なって、現象がいっそう強靭化したように思います。

この「フラッシュバック」は小学生のころから常日頃突発的に発生していたようですが、自分としてはそれがそれほど特殊なことだとは思っていなかったのです。

不思議でしたが、そう考えていた理由は、「フラッシュバック」に気づいたときに同時に思い出した一冊の本に由来すると思われます。

ちょっと意外な本なのですが、遠藤周作のエッセイのなかに「過去にさいなまれる男」と題してこんな話が出ています。

遠藤がアパートで生活していたときのこと。毎夜、真夜中に彼の部屋の上で、若い男の悲鳴とも絶叫ともつかぬ声がする。

どうしてなのかと問うてみると、彼は「夜中に布団をひっかぶっていると、昨日、今日のあるいは過去の、自分のやった恥ずかしいことが一つ一つ突然心に甦って、居てもたってもいられなくなり、思わず、大声をたてていた」のだそうです。

遠藤は「気の弱い奴なら、この夜の経験は必ずあるはずだ。それがないような奴は、友として語るに足りぬ」と軽いユーモアで結んでいます。[16]（筆者にて一部要約）

この本を読んだのは中学生のころでしたが、不思議なことにほかの内容は忘れてしまったのに、この部分だけはよく覚えていました。小学校から中学校にかけてわたし自身も「夜中に叫び声を上げる」経験を繰り返していたからだと思います。

そして、非常に強く印象に残ったのは「ああ、同じ人間がいる、自分は異常ではないんだ」という安堵感です。

その安堵の気持ちこそが、その後の「フラッシュバック」に対する免疫力を高めたのかもしれません。なんともいえませんが、そのようにでも考えないと説明がつかないのです。

とはいえ、日ごろから叫び声を上げるような事態が、あなたの人生においてずっと続くことを考えてみてください。エッセイのようなユーモア話どころではなくなってしまいます。いずれわたしのようなうつ病か、なんらかの二次障害につながる可能性は大きいのではないでしょうか。

---

(16) 遠藤周作『ぐうたら生活入門』（改版、KADOKAWA、二〇一八年、二四～二五頁）

そもそも、どうして発達障害者にこんなことが起こってしまうのか。

特にASDの人たちに生じやすいそうですが、記憶力がよいことから嫌な体験を細部まで覚えていることや、目に映ったことをそのまま映像的に記憶する「映像記憶」を持っていることから、同じシーンを動画のように思い出してしまうことが関連しているそうです[17]。

それが日常的なささいな刺激でよみがえってきてしまうのが、先の「フラッシュバック」ということになります。

ただ、わたしの場合、「映像記憶」なるものがそれほど影響しているかどうかは、よくわかりません。たいていは映像が浮かぶ以前に不快感や怒りといった感情に襲われることのほうが多いように感じます。ただ、それをあと追いでたどってみると当時のイメージが鮮明に浮かんでくることは確かです。

一般的には、子どものころの虐待やいじめなどが背景となっている場合が多いようですが[18]、わたしの場合は直近の職場での軋轢によるものがほとんどです。子どもたちが逃げ場のない環境のなかで虐待やいじめを受け続けるすさまじいストレスと比べればそれほどの酷さではない、といえるかもしれませんが、五十代後半の人間にとってこれは相当応えました。

たとえば当事者の権田真吾氏の手記には、昔の上司の叱責が心的外傷になっていて、当時の記憶がなにかの拍子に突然思い出されるという話が出てきます[19]。かつての就職先を辞めてから十五年もたっているというのに、現在の仕事でミスをしたりとがめられたりすると、いまだに当時の「馬鹿野郎」という怒鳴り声や「何度注意されたらわかるのだ」という説教が聞こえてくるそうです。

ほかにも、のちに精神科医になった当事者の女性Ｌｏｂｉｎ Ｈ．氏は、小学校時代に陰湿ないじめに遭い続け、高学年になってからも毎晩のように泣き続けていました。その後自分の障害について知ったことで、これが「フラッシュバック」だったと理解したそうです。当時「死にたい気持ちもずっとありました」と記しています[20]。

この苦しみは嫌というほどわかります。触れれば血の滲むような鮮明な記憶がよみがえってくるとともに、まるで体の内側からナイフで切り刻まれていくような感覚が襲ってくるのです。

この症状をなんとかしたいという願望は常に持っているのですが、いまのところ様子見

---

(17)前掲『これ一冊で大人の発達障害がわかる本』(一〇一頁)
(18)杉山登志郎『発達障害の薬物療法――ＡＳＤ・ＡＤＨＤ・複雑性ＰＴＳＤへの少量処方』(岩崎学術出版社、二〇一五年)
(19)権田真吾『ぼくはアスペルガー症候群』(彩図社、二〇一四年、六五頁)
(20)Ｌｏｂｉｎ Ｈ．『無限振子――精神科医となった自閉症者の声無き叫び』(協同医書出版社、二〇一一年、三〇頁)

の状態です。一般的には抗うつ剤や抗精神病薬、漢方薬などの服用という提案がなされていますが、明確なエビデンスは存在していません[21]。さしあたり、ときがすぎゆくのをひたすら待って、ミリ単位でもよいので少しずつ記憶が薄れるのを待つばかりです。

わたしがいまこの感覚を思い出しながら、さらに困ったことだと思ったのは、すでに目を通している何冊もの著作にこうした現象について明確に記述されていながら、当時は他人事のようにまったく気にも留めていなかったという事実です。気になってこれまでに読んだ関係書をあらためて読み直してみましたが、確かにそこには「フラッシュバック」に触れている記述はかなりありました。それなりの注意力で読んでいたとしても、なんの引っかかりもなく見すごしてしまうこともあるというのは、ちょっと困りものです。「自分にはそんな症状はない」という思い込み（こだわり）が強すぎると、こんなことにも影響してしまうのかもしれません。

目を見ることができない、間がとれない

この特性が周囲から見てもっとも発達障害のわかりやすい特性かもしれません。

どうして話し相手の目を見ることができないのかよくわかりませんが、人の目を見るとよくわからない圧迫感を感じて、目を逸らさないではいられなくなるのです。これは初対面の人でも親しくなった人でも変わりません。

このことに気づいたのは大学時代でした。たまたま話をしていた相手がわたしのほうをまったく見ることなしにしゃべり続けた様子が異様に映り、よく考えてみればそれはわたし自身の姿でもあったからです。

人はコミュニケーションをとる場合、相手の目を見て「あなたの話を聞いていますよ、関心を持っていますよ」、あるいはこちらから「メッセージを送っていますよ」という信号を伝えています。見つめ合うことが幸せホルモンと呼ばれるオキシトシンの分泌につながることも知られています。コミュニケーションをとることにおいて「目を見る」ことは不可欠な要素なのです。

また、会話においての、いわゆる「間」をとることが苦手という面もあります。相手の話を聞いていながら、うなずく、あるいは合いの手を入れる間がずれるのです。たいていは間合いが早すぎて、相手の会話のペースを乱してしまうことにつながります。話が終わるまで待っていられず、相手の話が終わる前に話をかぶせてしまうこともよくありました。また、自分の関心ごとだけを滔々としゃべり続けてしまったりすることもあります。「目」の場合と同じように、会話の「間」というのもコミュニケーションの基本ですから、これでは話がまともに進みません。

---

(21) 前掲『これ一冊で大人の発達障害がわかる本』(一〇一頁)

しかし、これらは自分でも意外でしたが、のちに比較的簡単に改善することができました。この点についてては後述（八四頁）します。

キレやすい、白黒思考

日常的にストレスを感じていることが背景にあると思いますが、ミスを指摘されたり批判的なことを言われたりすると、ムッとして無意識のうちに反論してしまいがちです。

これでは社会に出て人と信頼関係を築いたり、上司にとり入ったりすることなどできたものではありません。むしろそつなく対応をしている定型発達者を見ると、自分にはできないことをいとも簡単にやっていると嫉妬してしまうことさえありました。

とはいえ、人生ではこうしたことをせざるを得ない局面も生じます。やむを得ずお追従を言ったことは何度もありますが、当然のごとく我ながら卑屈かつひどくぎこちない対応になってしまい、あとで自己嫌悪に陥るだけでした。

キレやすいことでさらに困るのは、これは職場ではなく家庭で気持ちが緩んでいるときによく起こることですが、「暴言」を吐いてしまうことです。これをやってしまうと当然妻を相当傷つけることになってしまうのですが、これについては第七章で述べます。

白黒思考に陥ることもよくありました。これは「こだわり」の項で書いた通り、報道機関で働いていたことも影響していると思いますが、わたしには正義感を持つことや自由や平等など社会の価値観に対して敏感に反応する癖がついてしまっています。ときにこれが高じて、何事も白黒をはっきりつけてしまい、正義の押しつけになってしまうのです。これまでに何度売らなくてもよい喧嘩を売ってきたことか……、思い出すと冷汗が出てきます。

人の顔を忘れる、過集中と疲れやすさ

ほかに思いつくことといえば、人の顔をよく忘れるということでしょうか。特にちょっとしたパーティーなどで会話を交わしていながらその人の顔をまったく忘れているということはよくありますし、よく会う近所の人の顔さえ忘れていたこともあります。特にストレスの高い環境に置かれている状況下で、こうしたことがよく起こるように思います。

過集中の問題もあります。わたしは若いころから、長期にわたってゆったりとした気持ちで日常をすごしたという記憶がほとんどありません。何事においても自分を叱咤して全力で突っ走ってしまうのです。特に若いころは仕事をセーブしようなどとは毛頭考えていませんでしたので、もうできないというところまで自分を追い込んでしまうことが多かったように思います（①）。そして一気に酒を飲んで倒れ込むように眠る（②）、これが日常になっていました。その後、うつ病で散々な目に遭ったのだから、こんな馬鹿げた癖は解消されているだろうと思われるかもしれませんが、すこし体調がよくなるとまた過集中（①

＋②）が復活してしまうのです。そして言わずもがなですが、このせいでとにかく疲れやすい。一日分のエネルギーを二～三時間で使い切って、あとはもう疲労感のなかに漂っているような状態になります。こんなことを続けていたら、いずれ使い物にならなくなってしまうかもしれない――、そんな恐れを抱きながら、とにかく「休むこと」を最優先するよう自分に言い聞かせています。

発達障害の特性としてよくいわれる視覚や聴覚の感覚過敏については、それがゆえに苦しんできたという意識はありません。強いていえば学生時代から目が疲れやすいということはありました。本を読むのも一苦労でしたし、いまでもPC画面を長く見続けることができません。デパートの電気製品売り場をぐるりとまわっただけで目がチカチカして痛み出すということもあります。しかし、これはそれだけで生活に支障が出るレベルとまではいえません。

客観視の効用

さて、特性なのか性格なのか、ただの思い込みなのかよくわからないことも多いのですが、とりあえずここまでのわたしの発達障害の特徴をまとめてみます。

・唇を噛む

・指の皮をむしる
・共感力の弱さ
・空気が読めない
・不用意な発言（ストレートな発言）
・こだわり
・傲慢と尊大
・距離がとれない
・フラッシュバック
・目を見ることができない
・間がとれない
・キレやすい
・白黒思考
・人の顔を忘れる
・過集中と疲れやすさ

「困った学習」については、自らの特性を補おうという思考なので、特性からは除いています。

このなかで「相手の目を見ることができない」、「会話の間がとれない」そして「指の皮をむしる」ことについては、比較的早い段階でほとんど解消することができました。

相手の目を見ることについては会話をするときに、まず相手の目を見て、ときどき視線をはずして「鼻や口元、顎を見る」という方法をとるように心がけたところ、だいたいにおいて対応できるようになりました。

会話における間合いのとり方についても、以下のようなコツをつかんでやってみたところなんとかなりました。

「誰かが話そうとするときには、話し始める前にかならず息を吸うわけですが、会話上手な人は、相手の一瞬の動きをみて、自分は止める。そして相手に譲る」「相手の息の間合いに応じて、自分の息を返していく(22)」。

このようにしてみたところ、ぎこちなさはずいぶん改善されました。要するに「一呼吸置く」ということです。

「指の皮をむしる」については、「ああ、また始まった」と気づいた時点で後述する「呼吸法」を行います（一八八頁）。そうするとパタリと手が止まるのです。それを何度か繰り返すことで治ってしまいました。長年にわたり止めたいと思いながら止められない癖でしたが、五十歳近くになって意外とあっさり完治してしまったことにはびっくりしました。

大事なのは、**自らの特性を「意識する」、つまり「客観視」することによって、かなり**

の程度対応が可能だということに気づいたことです。これは、非常に大きな発見でした。

あらためて気をつけるべきこと、気づいたこと

考えすぎ、敏感になりすぎは禁物

さて、ここまで自分の特性を可能な限り解き明かしてきましたが、気をつけなければいけないのは、こうしたことをあまりに考えすぎてしまうことです。

ただでさえ、こだわりやすさは並以上なのですから、自身の特性探しばかりしていると日常生活でおきた支障をことごとく発達障害のせいにして、マイナス面にばかり目を向けることに終始しがちです。ひとたびそういう癖がついてしまうと、人間関係の不得手さなどがまず思い浮かんでどんどん身が縮んでしまい、なに一つ前向きに活動できなくなります。これではただの「引きこもり」促進思考でしかありません。

特性だけでなく、日々の微妙な体調や気分の変化に敏感になりすぎてしまうこともよくあります。極端な場合、その「とらわれ」のなかだけで自家撞着《じかどうちゃく》に陥り、特性への固執と同様に現実に向き合えなくなってしまうことも考えられます。

(22) 齋藤孝『呼吸入門』(KADOKAWA、二〇〇八年、一七九頁)

一度認識してその対策をとり始めたなら、あくまでその対策、たとえば「呼吸法」などを意識することに注目して、特性についてはあまり考えないようにするほうが良策かと思います。

気持ちが荒れやすいということ

いうまでもなく人間は生存本能から常に仲間を作ろうと努力を続けるものです。ところが、いくら本人が人と誠心誠意コミュニケーションをとろうと頑張っても、それがうまく伝わらなかったり、逆に人の反感を買ってしまったりということが繰り返されることになると、自身も相当傷ついてしまうことになります。

こちらが好印象をもって相手と話していれば、相手も好印象を抱くようになり、そのような人たちがあつまって仲間となる好循環が生まれます。こちらが悪印象を持って人と話せばまったく逆の悪循環に陥ることは当然の帰結でしょう。

わたしの場合は、自分ではなんの悪意もなく人と接しているつもりなのに、さまざまな特性のためか人から疎遠にされてしまうことが多かったように思います。もちろんうつ病の影響も大いにあることは確かですが、中年以降、齢を重ねるにつれて人格に「伸びやかさ」が欠けていることに気づく機会が多くなりました。有り体にいえば「卑屈かつ偏屈」になってきたということです。

医師のなかには「おとなになってからアスペルガーだと分かった人は精神的にとても荒れていて社会から迫害されていると被害者意識を持っていることが多い」という見方をする方もいます[23]。

被害者意識だけならまだしも、わたしの場合、いつでも加害者になり得るということにも気がつきました。常に被害者意識を持っている人間は、その思い込みが過度になれば容易に攻撃的になり得ます。自らの特性を探り続けて明らかになったことの一つは、もっとも認めたくなかった自身の加害者としての姿かもしれません。

(23) 村上由美『アスペルガーの館』(講談社、二〇一二年、七七～七八頁)

「いきのびる」ための読書ガイドⅡ

第二章　自らを知る

荻野弘之『マルクス・アウレリウス『自省録』――精神の城塞』（岩波書店、2009年）

内容の深遠さもさることながら、日々、自身を顧みながら、書きつけることの大切さがよくわかる。のちの認知行動療法につながるストア派哲学に触れるにもちょうどよい本。

宮口幸治『ケーキの切れない非行少年たち』（新潮社、2019年）

見る力、聞く力、見えないものを想像する力のとても弱い少年たちがいる。非行化した少年たちは本当に手のつけられないワルなのか。「発達障害、境界知能、軽度知的障害」について深く考えさせられる。

ポール・ブルーム『反共感論――社会はいかに判断を誤るか』（高橋洋訳、白揚社、2018年）

苦しんでいる人を見ると、自分も同じように苦しんだり、悲しんだりといった共感する力は、ときに近視眼的になりやすい。日本では共感が礼賛されがちだが、ネガティブな側面も忘れてはならない。

第三章　とりまく環境を知る

人間関係について知る

第二章では発達障害による生きづらさをかわしていくために、自らの特性を知っておくことの大切さと、その実例としてわたしの特性を紹介しました。

この章では、自らをとりまく環境について考察していきます。それはもちろん、ありとあらゆる周辺環境を探るということではなく、あくまで発達障害者である自分と自分以外の人間関係などの成り立ちやパターン、周辺の物理的環境について知っておくということです。

ここではまず、**発達障害者が軋轢を生じやすい**「職場」と「人間関係」に対象を絞って、よく起こりがちな出来事について大枠で把握するよう心がけてみます。これはとりもなおさず、日本人の持つ思考や行動をよく理解することにもつながります。

こういうことは知識としては知っていても、肌で知るというレベルにはなかなか至らないものです。ある「国＝文化圏」の人がものを考えるときに発する言葉やその背後にある概念や価値観というものは、あくまでその国の人々のなかで滞りなく伝わるものであって、他の国の人々とのあいだにはどうしてもずれが生じがちである、つまり「それぞれの国にはそれぞれの個性がある」ということごく単純なことについて腑に落ちるまでには、発展途上国での経験を含めてずいぶんと長い時間がかかってしまいました。

概略を得るための一歩として、わたしのような還暦すぎの旧世代は「日本人論」や「日本文化論」を手にとることになります。これはまじめにやるとけっこう大変な作業です。過去の著作は膨大ですし、それぞれについて賛否両論があったりして、一つの見解にこだわっていると収拾がつかなくなります。ここはもう「日本および日本人について、私たちが知っておくべきたいせつなことは、すでに論じ尽くされており、何をなすべきかについても、もう主立った知見は出尽くしている」[1]という見解にしたがって、これまでに出版された書籍のなかから、読み継がれている著作を「そこそこ」読みこなすことで十分ではないでしょうか。

もちろんあとは実践で学んでいくことになりますが、それはわれわれのような発達障害者には簡単なことではありません。仮にある程度理解したと思ったとしても、その奥にはまだまだ知られざる世界があります。いうまでもないことですが、人間関係というのはあらゆる面において、奥深く相互に影響を及ぼし合っていますので、表面をなでた程度ではほとんどわかっていないも同然です。

（1）内田樹『日本辺境論』（新潮社、二〇〇九年、二〇頁）

ですが、ここが大事な点ですが、なにも知らないよりははるかにましだということです。「人間関係」に関する知識を得て、それを経験することで、ほんの少しでも生きづらさを軽減できるなら、それで十分ではないかとわたしは思います。

和の力

ただ、それではとりつく島もないといわれそうですので、なかでももっとも一般的な日本人の「和」について少し触れておきます。

二〇二一年に眞鍋淑郎・米プリンストン大学上席研究員が、ノーベル物理学賞を受賞しましたが、そのときの受賞スピーチは強く印象に残っています。

彼はなぜ日本からアメリカに国籍を変えたのかという報道陣からの質問に、こう答えています。

日本では人々はいつも他人を邪魔しないようお互いに気遣っています。彼らはとても調和的な関係を作っています。日本人が仲がいいのはそれが主な理由です。ほかの人のことを考え、邪魔になることをしないようにします。日本で「はい」「いいえ」と答える形の質問があるとき、「はい」は必ずしも「はい」を意味しません。「いいえ」の可能性もあります。なぜそう言うかというと、彼らは他人の気持ちを傷つけたくな

いからです。(2)

そして、日本に帰りたくないのは「私は他の人と調和的に生活することができない」からだと話しています。

確かに「調和的」であること、つまり「和をもって尊しとなす」は、研究者のみならず日本人を貫くもっとも重要な「伝統的・文化的価値観」の一つであることは論を待ちません。「調和的」であることは、「礼儀正しさ」や「思いやり」、「協力」などの精神を育むことにつながりますし、人びとの苦しみや悲しみをやわらげてくれる利点もあります。特に地震や台風などの災害時や大きな事件や事故が起きた際には、「助け合い」や「絆」にレベルアップされてセーフティーネットの役割も果たしてくれます。

「調和的」であることから生まれる「安心」「安全」を大切にする精神も超がつくほどで、「女性が夜道を一人で歩ける国」「落とした財布が戻ってくる（ことが多い）国」という諸外国からの評判も、そうした精神のあらわれの一つでしょう。わたしは東南アジアや西アジア、アフリカに住んだ経験がありますが、「安心と安全」の希薄な国で生きていくことがどれほど過酷なことか身に染みてわかっているつもりです。世界的にも相当高い「安心と

(2) 関根和弘「真鍋淑郎氏の会見発言、英語の原文は？　「同調圧力」や教育問題を明快な表現で指摘」（朝日新聞GLOBE＋、二〇二一年一〇月八日）<https://globe.asahi.com/article/14456908>

安全」の水準に達している日本に生まれたことに、ただ感謝の念しかありません。(3)

そのような気持ちを抱きながら日々生活してはいるのですが、よくよく見るとその負の側面も見えてきます。わたしたちが日々生きている世界はときにひどく狭隘《きょうあい》かつ閉鎖的でもあり、上下関係を意識しながら常に他人の「顔色をうかがう」気配りが必要とされることもまた事実です。まわりの「空気」を読みながら目立たないように、本音ではなく「建前」で会話をまわしながら、無用な争いを極力避けること、つまり「コミュニケーション能力」に長けていること、これが日本で普通に暮らすうえでごく自然に身につけるべき振る舞い方となっています。

その反面、いったん組織の「ウチ」の世界から離れるとそこは「ソト」の世界ですから、繊細な気遣いは無用です。道端にゴミを捨てたり、店員に横柄な態度を示したりと、あたりかまわずに無頓着な行いが目についたりします。

このように「和」にまつわる日本人の行動パターンはいくらでもリストアップできるのですが、それらのルーツをたどってみると、だいたいにおいて災害が多く、狭い国土で育まれた密度の濃い「村社会」を原点としていると考えるのが自然ではないでしょうか。いわゆる「世間」(4)の意味するところと根底にあるものはほとんど変わらないと、わたしは考えています。よくいわれる「タテ社会」(5)や「つぎつぎとなりゆくいきほひ」(6)も、「調和」や「村社会」「世間」とどこかで通じ合っていると思われます。

メンバーシップ型、ジョブ型、価値規範

ここからはもう少し焦点を絞って、日本の「職場」について「メンバーシップ型」と「ジョブ型」にわけて考えてみることにします。

発達障害者が障害者雇用で働くことの多い比較的規模の大きな会社では、「メンバーシップ型雇用」といわれる雇用形態を採用していることが一般的です。「メンバーシップ型雇用」とは「年功序列」や「終身雇用」でおなじみの制度で、新卒者を一括採用して、具体的な

(3)もちろん、他国と比べてレベルが高いと感じる要素は、ほかにも多々あります。例えば「清潔」「便利」「医療」など。

(4)鴻上尚史によれば、世間を構成するルールとは、以下の五つに大別されます。①贈与・互酬の関係——お中元やお歳暮、バレンタインデーの贈り物など「お互いさま、もちつもたれつ、もらったら必ず返す」の関係(対象者の人格ではなく、その人の地位や立場を鑑みて贈られる)。②長幼の序——年上年下、先輩後輩を区別する関係。③共通の時間意識——相手は同じ「世間」のメンバーであり、同じ時間を生きているという意識(「今後ともよろしくお願いします」や「お世話になっております」の文言に象徴される)。④差別的で排他的——「世間」の暗黙のルールを破るものは、誰もが差別・排除される。⑤神秘性——儀式、しきたり、伝統、迷信など「世間」のなかにいる人しかわからない不合理な世界(「昔からそうやっている」の一言で正当化され、仲間と仲間でない人を区別する)。『「空気」と「世間」』(講談社、二〇〇九年、五二〜八〇頁)参照。このほか阿部謹也、佐藤直樹の著作などにも詳しい。

(5)中根千枝『タテ社会の人間関係——単一社会の理論』(講談社、一九六七年)参照。

(6)丸山眞男「歴史意識の「古層」」、『忠誠と反逆——転形期日本の精神的位相』(筑摩書房、一九九八年)参照。

職務を決めないままに「未経験者を育てる」形をとります。社員はさまざまな部門を経験しながら「ジェネラリスト」を目指すことになります。

もう一方の「ジョブ型雇用」は、職務の範囲が明らかにされ、個人の能力は社外であらかじめ身につけておくことが前提になります。さまざまな部門を経験するのではなく、希望する限り同じ職種の仕事を続けることになります。

こうした雇用形態の名づけ親である濱口桂一郎氏は、この「メンバーシップ型雇用」が発達障害者にとってなにをもたらすのかについて明確に指摘しています。

メンバーシップ型社会では、コミュニケーション能力が全ての大前提です。そもそも特定のジョブのスキルもない素人を、たまたまあてがわれた上司や先輩が手取り足取りＯＪＴで教育訓練していくわけですし、どんな仕事を進めていく上でも、周りの人々との協調性が全てに優先する要件になります。まるで、空気が読めない発達障害の人が仕事をしにくいように、しにくいようにしつらえたのかと思うような相性の悪さです。(7)（傍点筆者）

一般企業の入社面接に際して面接官がもっとも重視する要素の一つが「自分といっしょに仕事をやっていけるか」だといわれていますので、まさにこの指摘を裏づけているのではないでしょうか。もし面接相手の学生に気にかかる発言や態度があるようなら、「手取り足取り」の訓練中に支障が生じるであろうことは火を見るよりも明らかです。「うちの会社は学生の個性を重視する」などと謳っているところもありますが、それはすなわちあくまで会社の掌の範囲内での個性であることを意味しています。言葉通り信じるのはちょっと能天気すぎます。ちなみにわたしはかつて新卒採用の入社面接ではじかれまくりましたが、その理由はこう考えればすんなり納得できます。

一般的には、発達障害者は「メンバーシップ型」向きではなく、「ジョブ型」のほうが適しているとされていますが、果たしてどうでしょう。どちらにもメリット、デメリットがありますので、そう簡単に答えの出る話ではないように思われます。この点についての詳細は専門書に譲ります。

いま世のなかは大きく変化しています。農業から工業へ、サービス、情報産業へとその変わりようは目まぐるしく、合わせて人々のライフスタイルも大きく変わりました。ちょっと油断しているとあっという間にリップ・ヴァン・ウィンクル(8)になり果てます。

(7)濱口桂一郎『ジョブ型雇用社会とは何か――正社員体制の矛盾と転機』(岩波書店、二〇二一年、二四二頁)

(8)米国の作家ワシントン・アーヴィングの短編集『スケッチ・ブック』の中の一編「リップ・ヴァン・ウィンクル」の主人公。酒を飲んで目を覚ますと二十年も経っており、時代は大きく変わっていた。

先に述べたことと矛盾するようですが、これだけの激動のなかで「和」を重んずる「村社会」や「世間」は、日本全体として見た場合にもう失われかけているのではないかと思えるときもあります。劇作家・演出家である鴻上尚史氏のいうように、「世間」は「都市化と経済的・精神的グローバル化」のために「ゆるやかに壊れてきている」のかもしれません。(9) 近年、都市部や地方部も含めて独居老人や独身者など、他者とのコミュニケーションを基盤とする「集団」としての生き方ではなく「個」として生きる人々が激増しているのは、その徴候とも考えられます。その一方で、学校や会社、役所などの一部の組織、政界、学界、スポーツ界、芸能界などに「古い体質」がいまだに根強く残っていることもまた事実です。

どちらかであるというより、どちらでもある、とわたしは思います。ときと場所によって確かに濃淡はあります。しかし、その濃淡にかかわらず日本の伝統的・文化的価値観は決して途絶えることなく底流を這うかのごとく流れ続けているように思えます。

いったんことが起これば現在主流である表面的には「お互いに無関心」に見える状況が大きく変わる可能性は十分あり得ます。震災時に人々のあいだに無意識に「絆」がよみがえってきたように、組織や国を揺るがすような有事の際には、数千年にわたって築かれてきた日本人の持つ根源的な価値観が再び立ちあらわれてくるように思えてなりません。だいたいにおいて迷ったり、動揺したりするときに、人間というのは幼いころから身につけてきた「守りの型」に戻りたくなるものです。それこそが、時代時代で不安や恐怖におののいてきた日本人を根底から支えてきたものにほかならないからです。

日本社会の基層に息づいているものをきちんと認識しておくことは、実は発達障害者が生きていくうえでの必須事項ではあるのですが、これは何度もいうように他者の認識の不得手な者には容易なことではありません。目に見えないルールというものが苦手なうえ、実践的に学んでいくのも上手ではないという特性が理解の妨げになります。こうしたことは人間関係の機微やゆらぎに関わりますので、当然学校で教えてもらえるものではありません。

たとえば自由、平等、人権、法の支配などはまさに社会の「正論」ではありますが、それはときに容易に「建前」に変化します。そのような「価値規範」を学校でいくら教え込まれたからといって、それを金科玉条のごとく信じたままでいるなら、実社会で手痛い洗礼を受けることになります。

それらの「価値規範」というものは、たいていが明治時代以降に上から降ってきたようなもので、それ以前に「和」の精神が人々のあいだに深く浸透していたことをまず認識しておくことが大切です。そうでないと、いくら生きていくうえでの誠心誠意の努力を重ね

（9）前掲『「空気」と「世間」』（一四七～一四八頁）

たとしても、徒労に終わることになりかねません。

人間が社会的動物である以上、発達障害者が社会で生きていくうえでつかみどころのない伝統的・文化的価値観に適度に合わせざるを得ないのは、やむを得ません。しかし、繰り返し書きますが、それは「無理に」ではありません。「そこそこ」でよいのです。過剰に合わせようとすると二次障害をさらに悪化させてしまうかもしれません。

排除・差別の原則

どのような事象もよい面と悪い面とが表裏一体になっていることを考えれば、「和」の密度が高くなればなるほど、逆にかなり強い「排他性」を持ってくることは明らかです。言い換えれば「和」の行き届いた環境とは、多様性を欠いた、不寛容な世界ともいえます。

発達障害者が組織で働くことを前提に考えてみるなら、よけいな口をきかず、従順に振る舞ってほかの社員のあいだに埋没しているなら特に支障は生じないかもしれませんが、たまたま職場の暗黙のルールを知らずにそれに反してしまったり、少しでも「上司の意に素直に従わない」態度などを示したりしてしまうと（そのようなオーラを発してしまうだけでも）、まわりは遅かれ早かれ差別的、排他的な環境に変化してしまいます。

一般的なイメージでは、障害者とは「かわいそう」で「けなげ」で一生懸命仕事をする存在なのです。そこからはみ出すような障害者は、日本人にとって大切な価値観である「仲間に入れてもらう」ことを拒否されてしまうのです。

これは発達障害当事者として働いていくうえで気をつけておくべきポイント「排除・差別の原則」です。あまり真剣に考えたくはない現実ですが、実際に仕事をした経験に基づいていえば、脆弱な発達二次障害者にとってはもっとも気をつけるべき項目であることをここで強調しておきたいと思います。

これはその昔「村八分」と呼ばれていた制裁そのものです。

古くは村内の交際で重要なものを冠、婚、葬として、これに建築、旅行、出産、火事、疾病、水害、法要を加えて全部で十の付き合いとしていましたが、「村八分」に遭ったものは「火事」と「葬式」以外の八つの付き合いが除かれました。なかには葬式さえも手伝わない厳しい制裁もあったそうです[10]。

とはいえ、当時は村の安定と存続のために生まれた必然的な「掟」であったことも認識しておく必要があります。たとえば田植えや稲刈りを手伝わなかったり、村の秩序を乱したり、ユイやモヤイなどの相互扶助のしくみに反したり、共有地を荒らしたりする人に対して、村人全員で絶交したりさまざまな制裁を加えたりしましたが、そうしなければ生きていけないほど生活が厳しかったということでしょう。「出る杭は打たれる」「長いものに

(10)中山太郎『日本民俗学論考』(一誠社、一九三三年、五三〜五四頁)、恩田守雄『互助社会論——ユイ、モヤイ、テツダイの民俗社会学』(世界思想社、二〇〇六年、一二九頁)

は巻かれろ」が、生きるための絶対条件だったのです。

しかし、現代になってそうした共同の農作業や助け合いの組織や掟は大きく減少しています。いまさら「村八分」などあり得ないのではないかと思えるのですが、まったくそうではないのです。

たとえば都会から地方に移住した人々が地元の人たちから差別的な扱いを受け、耐えられなくなってまた都会に戻らざるを得なかったというような話はよく耳にします。移住希望者向けに書かれた「田舎暮らし」ハウツー本のなかには、移住先の「村八分」について詳しく書かれたものもあります。ところによっては訴訟にまで至るケースもあって、全国で毎年少なからず「村八分」訴訟が起きているようです。

こうした排他性は村の存続に関わっていたことは指摘した通りですが、近年は「あいつはよそ者だ」「なんだか鼻につく」というような村内の思い込みや雰囲気で「排除」につながるようなことも起きやすくなっていると思われます。都会の人にはほんの些細なことでも、地元住民にとっては癇に障ったりするのです。

二〇二三年一月、福井県池田町の広報紙「広報いけだ」に、「池田暮らしの七か条」が掲載されました。そこには「集落は小さな共同社会であり、支え合いの多くの習慣があることを理解してください」などうなずける条文もあるのですが、「今までの自己価値感を押し付けないこと。また都会暮らしを地域に押し付けないよう心掛けてください」「これまでの都市暮らしと違うからといって都会風を吹かさないよう心掛けてください」とあります。

移住者が自然に振る舞っているつもりでも、地域の人たちには「都会風」と映ってしまうこともあるでしょう。職場で自然に振る舞っているつもりの発達障害者が、ときとして定型発達の社員らにどのように映るのかを象徴しているように思います。

いじめの形

現在にしてこうですから、いまだに「和」の要素が強いと見られる組織や業界に依然として「排除・差別の原則」がしっかりと根づいていてもまったくおかしな話ではありません。

学校の場合を考えてみますと、定型発達の子どもと比べて、ASDの子どもは三〜四倍、ADHDは十倍の頻度でいじめに遭うそうです[11]。これは仕事をする大人の場合も変わらない、とわたしは思っています。

あなたのいる職場が運悪く「和」の密度が高かった場合、「排除・差別の原則」は目に見える形というよりも、見えにくい陰湿な形でやってくることのほうが多いようです。

ここからはわたしが十年近く前に精神障害者雇用で経験した「軋轢」や「いじめ」の話

(11)岩波明『誤解だらけの発達障害』(宝島社、二〇一九年、五五頁)

になります（精神障害者の就労支援、仕事中のサポートを含め、現在の雇用状況、仕事環境は変化しておりますので、あくまで参考情報としてご理解ください）。

いじめる側は宮仕えの会社員ですから、自らの評価に影響するような証拠を残す形ではまずしかけてはきません。表立ってこちらの言動や行動を非難せずに、首謀者がわかりにくい形でしかけてきます。また、これとは別に本来は精神障害者雇用と同じ弱い立場の非正規雇用の社員が先導するいじめも多々あったことも事実です。弱い立場の者同士が傷つけ合うというのは、情けなさ以上に哀しさを感じてしまいます。

こうした陰湿な行為に対してもともとスキだらけの発達障害者は、脆弱そのものです。わたしのように衝動性から「不用意な発言や行動」が多かったり、その場で頭は下げても不服の色が顔に滲み出てしまったりするような人物は、かっこうの餌食となってしまいます。

働き始めてしばらくは、おだやかな社風に油断してついつい思ったことをそのまま口に出していました。ほとんど冗談のつもりで口にしていたことが、あからさまな会社批判と受けとられたこともあったようです。そして、まずいことにその内容が周囲のみならず、総務や他部署を駆け巡っていたことに気がつきませんでした。この会社は「超噂社会」であり「地獄耳社会」だったのです。まわりの人たちにとって鼻につく情報というのは、往々にしてもっとも聞かれたくない人たちに瞬時に伝わるものです。

しばらくして、わたしの「無邪気な冗談」への反動が少しずつ、陰湿な形でやってきました。徹底した水面下の嫌がらせです。いじめる側はこちらのもっとも弱い部分を突いてきます。人間というのは､相手の弱点を察知する能力に長けているとつくづく思いますが、この発達障害者でヨレヨレのおっさんは「人間関係に脆弱」と気づくやいなや、徹底的にその部分を突いてきます。いちばん簡単なのは「悪いうわさ」を流すことです。周囲と良好な人間関係が築けていないわけですから、自分に味方してくれる人物などいません。気づいたときには、全員が敵にまわっていることもあります。

こうした不愉快な状況に対して上司や産業医に事情を話して解決してもらうことは、それほど簡単ではありません。だいたい明確な証拠はつかめませんし、こちらは精神障害者という立場ですので、「ただの被害妄想だ」といわれればそれまでです。具体的にこうしてほしいという申し出なら向こうも考慮しないこともないのですが、証拠のない話をことさらに言い立てることは危険ですらあります。話せば話すほど「またおかしなことを言っている」と症状の悪化を疑われるだけです。結局、理解してもらえないストレスをため込んで自壊するのはこちらのほうなのです。

とにかく障害者雇用であろうがなかろうが、人間は感情の動物ですので、気に入らない人物は気に入らない、というのはわたしもわかります。一度「あの男は鼻につく」というレッテルを貼られると、とり除くことはかなり難しいでしょう。陰湿さの度合いはより強化されることになります。

本来なら目立つ動きを避ける正社員が、あからさまにいじめをしかけてくることもあります。それは決まって異動の内示が出たあとのことでした。

「なにやってんだ、おまえ」と、他部署の上司にいきなり背後から怒鳴られたことがあります。ちょうどつまらない仕事で手間どっていたときだったので、「おまえの仕事は要領が悪い」というのが表向きの理由なのでしょうが、要はなんでもよかったのだと思います。異動内示のあとは障害者だろうがなんだろうが気に入らないヤツを叱り飛ばす、あるいは悪い噂を流す、こういう嫌がらせが会社の伝統なのです。こう考えるようになったのは、正社員による同様の嫌がらせを何度か経験したからです。つまり彼らは、内示のあとなら、その苦情が人事部に伝わったとしてもすでに決定済みの異動先に影響はない（ペナルティを課されることはない）、と踏んでいるわけです。

障害者なのだからなんらかの配慮はあるだろう、というのはもしあなたが「中高年」の発達障害者であるなら甘い観測だと思われます。これは自らが逆の立場に立ってみればわかります。

職場に得体のしれない中高年が補助的な雑務要員として突然配属されたとします。よほど気配りができて腰の低い人物でもない限り（それができないから発達障害者なのですが……）、まわりの社員にとってはなじみにくいのは自明です。しかも精神障害の場合は程度が不明ですので、この人物がどんな反応をするのかわかりません。正体不明の不気味な中高年障害者が、おとなしく仕事に没頭していてくれればよいのに、ことあるごとによけいな発言をしたり行動したりして自分の仕事の邪魔をしてくる、ということがあれば、あの手この手を使ってこの人物の阻止を考えるでしょう。

少なくともうつ病になる前のわたしでしたら、運悪く「いじめ」や「パワハラ」の対象になってしまったなら「実力で見返す」という方法がありました。あるいは、明白な証拠があればですが、上層部にかけ合うこともできました。

しかし、人間関係のちょっとした躓きでもうつ病を再発しやすいわたしのような人物にとって、これは非常にリスクの高い行為になります。当然のごとく「実力で見返す努力」や「抗議」は自らへの過大なストレスにつながって、障害の悪化を招きかねません。

とにもかくにも、「排除・差別の原則」については最重要度の課題として頭に刻みつけておいたほうがよさそうです。

演技慣れした無視

村八分でよく行われる「無視」というものにも、何度か遭いました。

新部署への異動が知らされた日の朝、始業時間前に新しい上司となる人にたまたま廊下で出会ったので、「これからよろしくお願いします」と挨拶したところ、向こうは顔をそむけて無視してきたのです。それもなかなか演技慣れしているというか、決してわたしを露骨に無視したと悟られないように、わたしの近辺にある掲示板だとか、なにかの事物に「いま気がついて、それを見始めた」というようにゆっくりと顔をそむけるのです。これはいったいどういうことなのか当初わたしは理解できませんでしたが、その後、ちょっとした用事があって声をかけた異動部署の社員からも同じことをされたときに、これが要するにこの会社の気に入らない人物への「排除」の習慣なのだと了解しました。

実は清泉亮『誰も教えてくれない田舎暮らしの教科書』（東洋経済新報社、二〇一八年）を読んでいたところ、筆者が移住した「村社会＝世間」が色濃く残っている集落で同じようなことに出会っている描写があって苦笑しました。本書は地方への移住希望者にどうやって移住先を決めていけばよいのかを懇切丁寧に指導している本ですが、そのなかには移住先の集落でかなり痛い目に遭った清泉氏の体験談も豊富に記されています。

あるとき、清泉氏はたまたま出会った村の古老に挨拶をしますが、完全に無視されます。相手が気づかなかったのかと思って、再度挨拶しますがそれでも無視されます。その理由を考えるのですが、思いつきません。考えたことはわたしと同じでした。

彼らもまた、そうして露骨な無視の文化のなかで育ち、そして今日までなおその無視をし、され、の文化圏に生きているということだ。

もう一ついっておけば、『田舎暮らし』に書かれていた、「村の人は決して自分のことはしゃべらない」もよくわかる話でした。仕事先の職場の人たちは、プライベートなことが漏れることを極力避けようとします。なにをそんなに恐れているのかと思うほど避けます。『田舎暮らし』にあるように、向こうからわたしに対してプライベートなことを根掘り葉掘り聞いてくることはありませんでしたが、わたしのほうは第二章で述べた「不用意な発言」といった特性も手伝って、けっこう私事をペラペラとしゃべってしまっていました。自虐ネタくらいに思っていたのですが、結局、そこでしゃべったネタをもとに嫌がらせが始まったのは前に述べた通りです。

とにかく、「自分のことはしゃべらない」ことです。しゃべればネタにされます。それによってときには足をすくわれかねません。用心するに越したことはないのです。

しかし、なんというか、これが事実ですから仕方がないのですが、別に精神障害者でなくともちょっとした妬み、偏見、仕事の不出来などから「いじめ」の対象になることはこの会社では珍しいことでもなんでもなかったようです。そのような犠牲者はわたしのほかに総務部の正社員のなかにもいましたし、異動になった別の部署でも当然のごとく存在しました。要するに部署ごとにその他社員のストレスのはけ口にされる人物が確実に存在する、というのが実態なのです。精一杯の努力をしていても、ちょっとしたきっかけでいつ村八分の順番がまわってくるかわからない、これが日本の職場のもっとも恐ろしいところかもしれません。

発展に寄与する人物は?

再び「村の掟」の話に戻りますが、仮に村にとって新しいアイデアや発展をもたらしてくれるような創造的な人物があらわれた場合はどうでしょうか。それなら多少異質な人物でも村社会は受け入れていたのではないかと想像したのですが、歴史的に見ると必ずしもそうではなかったようです。あくまで後世の人々のための伝承として書かれたものですが、民俗学者の宮本常一はこんな話を記しています。

村の中のすぐれた知識をもっていた者が、その知恵を発揮したために、かえって将来をおそれられて殺されたという話は、かつてよくきいたところであった。その一つにこんな話がある。あるところで、おおきな梵鐘をつくったが、それを吊りさげることができない。困っていると、村の子供がきて、まず梵鐘にあわせて鐘楼をつくり、鐘の竜頭を梁(はり)につないでおいて、鐘の下の土を掘ってゆけば梵鐘はおのずから吊り下がることになるのではないかと教えた。村人たちはなるほどと思って、そのようにしてみると容易にかねを吊り下げることができた。しかし、そのような子供は将来何をしでかすかわからないと考えて、村人たちはその子供を殺してしまったという[12]。

宮本は「これに似た話はいくつもある」と記しています。農村社会では村の発展に寄与するような貴重な人材でさえ、秩序の維持とのあいだで天秤にかけられた結果「排除すべき人物」との烙印を押されてしまうケースもあったということでしょうか。

あくまで教訓として受け止めるべき話だと思いますが、「安全」や「安心」を願う人々の心象の根っこの部分には、このような闇の歴史もあったかもしれないということは肝に銘じておいたほうがよさそうです。

いまでも、保守的な会社文化のなかで斬新なアイデアが潰される、創造性を発揮しようとする人の多くが叩かれるという現象は、特に珍しい出来事というわけではありません。

残念ながら「異質」であることは日本の社会ではどうしても生きづらさを伴います。これからの時代は「多様性の時代」であり、「発達障害者の創造性を活かそう」などという話さえ耳にしますが、お題目通りに信じる前に、そのような環境が本当に整っているのかを確認する慎重さは持ち合わせておくべきです。

(12)宮本常一『庶民の発見』(講談社、一九八七年、一九四〜一九五頁)

浮き上がりがちだということ

先に述べたようにいじめの原因となったのはわたしのADHD的な「不用意な発言や行動」だと理解していましたが、もう少しこの点を掘り下げてみます。

わたしは五十代に入って初めて、いわゆる日本の「総務系」の会社組織を経験しました。卒業後に入社した報道の仕事では外まわりでしたし、またそのあとは海外を行ったり来たりの仕事でしたので、いわばバックヤードである総務系に漂う「和」の世界に朝から晩までどっぷりと浸かるという経験は皆無でした。そこに自らが選択できる余地はありませんので、それはそれとして、もういい加減いい歳になっても総務系「未経験」だったわたしにとって、精神障害者雇用での職場はまさに異質な時空間でした。自らを「異邦人」だと感ぜざるを得なかったということです。

仕事の内容は、先輩正社員や嘱託社員の補助的な作業でしたので、何人かの方と密接な連携をとりながら進めていかなければなりません。日本の職場では誰しもが経験するごく自然な作業の流れです。しかし、しばらくして気づいたのは、なんとなく自分の存在が周囲から浮き上がりがちだということでした。

その原因としてまず思いついたのは、会社を会社たらしめているのはむしろ「事務職」だということを十分に自覚していなかった、ということです。あたり前のことですがアタッカー（営業職）ばかりでレシーバー（事務職）がいなければゲームにならないのです。むしろ「しっかりした」レシーバーがいてこそ、物事が成立するともいえます。「しっかりした」という言葉が意味する重要な要素として、あらゆる事務作業を「スムーズかつ緻密」にこなすことが求められるわけですから、業務の進行を妨げない自己抑制できる調和的人材であることが必要不可欠となるわけです。

これは障害者雇用で採用された社員でも同じことです。つまり、割りあてられた仕事は一切疑問を挟まずにすべて受け入れる、円滑に作業を進める、ミスを犯さない、無駄口を叩かない、無駄に動きまわらない等々、これらをすべて満たした人物こそが望まれる社員像なのです。

覚悟はしていたのですが、このような総務系の常識は自身が過去に関わった仕事で身につけた社員像とは真逆なのです。わたしが報道や国際支援の現場で身につけたのは、先述のようにまったくのゼロ、ときにはマイナスとも思えるような状態から自分で自分の「仕事」を立ち上げていくという仕事観です。会社や団体からおおよその業務は示されますが、それをどう解釈して、どのような成果につなげるのかは、こちらの裁量次第なのです。このような自由放任的な仕事は、自身のＡＤＨＤ的特性にうまく合っていたと思います。残念ながら、一度こんな仕事におもしろさを感じてしまった男にとって、事前に決められた単調な作業から「やりがい」や「楽しみ」を引き出すことはかなりの難事業になります。

しかし、そんなことを愚痴ったとしても「おまえはそれを承知で雇用されたのだろう」といわれればその通りで、文句をいう筋合いはないのです。そのように自らに言い聞かせていましたが、不満げな意識がそのまま顔に出ていたであろうことは否めません。

残念ながらわたしは総務系で望まれる「社員像」を自覚せず、ついつい昔の癖で「どうしてこの手続きが必要なのか」「こうしたほうが効率的では」などとよけいなことを口にしたり、「わからなければ直接当事者に話を聞く」という報道の仕事で身についた習慣から他部署に聞いてまわったりするので、上司や同僚から煙たがられていることが次第にわかってきました。往々にして、わたしが気になった作業というのは、各手続き自体に特段の理由はなく、ただ「前例にならってやっている」というのが最大の理由だったということもあるのでしょう。

さらに「浮き上がり」につながった理由の一つは、とにかく仕事が暇だったということもあります。ときには始業から一時間も経たないうちにその日のすべての作業が終わってしまうこともあって、その都度「なにかお手伝いできることはありませんか」とほかの社員に御用聞きにうかがうのですが、そうそう都合よく雑務が用意されているわけではありません。何度も御用聞きを繰り返しているうちに、そういう行為自体が迷惑がられているということに、鈍感なわたしでもさすがに気づくようになりました。

当然のごとく、この「仕事なし状態」も人生初の経験でした。これまではあふれんばかりの仕事に忙殺される日常をすごしてきた人物が、一転してまったくやることがないという状況に放り込まれたわけです。実際にそうなってみるとかなりつらいものです。

朝から晩までただ椅子に座ってじっとパソコンの画面を眺める作業というのは、拘束服に身を包んで椅子に縛りつけられているような感覚です。いきおいネットサーフィンをしたり、無駄話をしたり、用もないのにその辺を歩きまわったりして、周囲の「あの男は目障りだ」度数を増すことになります。

悪目立ちへレベルアップ

その後他部署に異動になり、正社員の補助的な業務に携わりましたが、当然のごとく「望まれる社員像」はそのままです。とにもかくにも、その社員像になりきらなければならないわけですから、自分なりに日々努力をせざるを得ません。しかし、残念ながらこの努力が逆にストレスの度合いを高めてしまったようです。この部署では「浮き上がりがち」どころでは済まずに、「悪目立ち」の段階にまでレベルアップしてしまいました。

日々の作業のなかで疑問に思われたのが、日本の会社で採用されている「稟議書」です。新製品や商品のリニューアルなどに際して、関係部門の管理者や担当者全員に承認を得るために必要な文書で、別段珍しくもない書類の一つです。この会社の「稟議書」のレイアウトについて少し触れておきますと、一枚紙の文書の表のみならず、裏も含めて担当部署ごとに細かく区分けされており、それぞれの小さなスペースの端に確認した上長の印鑑が押される決まりです。それらがすべて押されて初めて物事が動き始めるわけです。職種にもよるのでしょうが、このような文書はわたしが過去に経験した仕事では見たことはなく、当初は意味不明の文書としか思えませんでした。

あるとき、手元に届いた「稟議書」を見ると、すでに目を通した上長や担当者の押印がなされています。それはわかるのですが、そこからわたしのいる部署のどの担当者に書類をわたすのか、その後でどの部署に送るのかはその「稟議書」ごとに異なるのです。よくよく内容を精査しないと、見当違いの担当者に押印を依頼したり、押印場所を間違えたりします。そのあとでまったく無関係の部署に送ってしまうこともあります。慣れているはずの担当の正社員でもしばしば同様のミスを犯していましたので、要するに手順等が複雑すぎるのです。

もちろん「会議を行わずに案件を決定できる」など「稟議書」を採用するメリットが多々あることはわかります。しかし、この文書があることによってつまらぬミスを誘発していることもまた確かなのです。しかも、この「稟議書」が全部署をまわり終えるのにおよそ二か月もかかります。いくらなんでもこれは非効率すぎるのではないかと、いらぬ疑問をわたしは抱いてしまいました。まわりの社員もみな同じ印象を持っていましたので、それなら、とおこがましくも問題点を指摘した提案書を書いて、社の上層部に手わたしたことがあります。内容は、電子化することで効率化を図れないかという、いまどき珍しくもない改善案です。

こういうスタンドプレーに至ったのは、日ごろのストレス解消という面もありましたが、後先のことを考えずに突飛な行動に出てしまう発達障害の特性も大きかったように思います。もちろん、人事部長に事前に許可はとっていましたが、こういうことをすると当然のごとく、社内で波紋を呼んでしまいます。

障害者雇用の社員だということもあって大目にみてくれたのか、社長からはお褒めの言葉をいただいたそうですが、ほかの社員にとっては迷惑千万だったことでしょう。もし改善するということになれば、面倒な作業を覚悟しなければなりません。ただでさえ忙しいところに、手柄にもならない改善業務などを担当させられたなら、貧乏くじを引きあてたも同然です。よけいな提案書を書いたのはわたしですから、「あいつのせいで」と思われても仕方がありません（蛇足ですが、この提案は「すでにある部会において改革が進行中である」という実態のよくわからない返答のあとで、うやむやにされてしまいました）。

最後に白状しておきますが、無駄に反抗的な態度をとりがちなこと、「年相応にそれなりに経験を積んできた」という意味のない「プライド」を固持していること、自身の「陰気な性格」（うつ病になれば誰しもがこうなりますが）、「うまくいかないことは人のせいにする」という未熟さなども「悪目立ち」の原因となっていたことは認めます。そうした未熟さに発達障害の諸特性が複合的に組み合わされて、本来は「寡黙で従順」「かわいそう」で「けなげ」であるべき障害者の規範から大きく逸脱していたことに気づいたのは、会社を辞めたあとのことです。

以上、おわかりのとおり、こんなことをやっていれば周囲から浮き上がるどころか、目をつけられてしまうのはあたり前です。昔の仕事意識からよけいな質問を連発したり、仕事が暇になるとあたりをブラブラしたり、それだけでもほかの社員には目障りなのに、作らなくてもいい提案書などを作成して上層部に直訴したりと、保守的な社員からすれば驚天動地のことを嬉々として行ってしまうのですから、これはもう「あの男をなんとかしろ」という特別監察の対象にならざるを得ないわけです。とにかくわたしがいた会社は、昔から「穏やか、丁寧、礼儀正しさ」が評判の社風なのです。先述のようにいじめの対象にならざるを得なかったのは、自業自得的な要因も少なからずあったということです。

人間関係に絡みとられない自由な仕事へと無意識的に人生の駒を進めてきた人間が、精神障害者となったためにもっとも避けたかった人間関係のディープな組織に放り込まれて、妙な悪目立ちをしてしまった、といういささか滑稽な状況ともいえます。

単調な仕事に生きがいを

繰り返しますが、仕事は庶務中心ですので決しておもしろいものではありません。とはいえ、一般的にこうした「単調な仕事」は発達障害者向けであると理解されていますので、普通は苦にはならないはず（?）なのです。

アルベール・カミュは『シーシュポスの神話』のなかで、神々による無益で希望のない刑罰を描写しています。神々はシーシュポスに休みなく岩をころがして山の頂まで運び上げることを命じましたが、その岩は頂に到達するといつも転がり落ちてしまうのです。なんともむなしい、終わりの見えない仕事としかわたしには思えませんが、それでも満足することはできるのだとカミュはいいます。

> 頂上を目がける闘争ただそれだけで、人間の心をみたすのに充分たりるのだ。いまや、シーシュポスは幸福なのだと想わねばならぬ。[13]

わたしにはこの短編の表面をなぞることしかできませんが、少なくとも作業に没頭することで気を紛らわすことは可能であるし、それこそが人間の運命だと示唆されているように思います。

この話を読んで得心がいったのですが、総務部門の古参の正社員は「帳尻が合っている」

---

(13)アルベール・カミュ『シーシュポスの神話』(清水徹訳、新潮社、一九六九年、二一七頁)

ことに喜びを感じると話していました。

目の前に数百枚の封筒があり、そこに封入する数種類の文書があったとします。封筒一枚ごとに最上部にはこの書類、その次はこの書類と順番を決め、向きも定め、その法則に則って封入作業を進めます。机の上に順番に並べられた書類を一枚ずつ端からつまみ上げて封入し、最終的に用意した数種類の文書が用意した封筒すべてに余りなくきっちり入れば大成功。もし一部の書類がそのまま机の上に残っていたりするなら、文章をつまみ上げるときにミスが生じた可能性があります。こんなときは、すでに封入した封筒の中身をすべて見直さねばならず、大変な手間がかかります。そうしたミスなく、最終的に用意した各文書がすべてきっちり封印されたということになれば、「たいそう気持ちがすっきりする」のだそうです。

この話を聞いたときに、わたしはつくづく「異なる世界に生きてきたのだなぁ」と思わずにはいられませんでした。

とはいえ、現実には「思わずにはいられない」などとため息を漏らしている場合ではないのです。カミュのいわんとするところにならえば、喜びを感じる自分を育てていかなければならないのです。そう意識して五年ほど頑張りましたが、結局そうした自分は育ちませんでした。

ときに運よくあなたの特異な能力を見出されて、正社員の仕事の一部を担わされることもあるかもしれません。これは一般的に雑務程度の仕事しか任されない精神障害者には、幸運なことだと思われます。

しかし、あくまで自分のストレス状況を十分に見極めたうえで判断することをお勧めします。わたしの場合、自ら希望していた英語に関わる仕事を断わらざるを得なかったことがありました。就職した当初なら可能だったでしょうが、数年を経てその話がきたときにはときすでに遅く、人間関係の軋轢からうつ病が再発しかけていました。やり出せば確実に体調を崩してしまうことが明白だったのです。あの話がもう少し早く来ていたら、という思いは残りました。

配慮には期待しない？

わたしにとって職場で引き起こされるストレスは相当なものでした。このようなストレスを少しでも軽減するためには、どうしてもメンタルヘルスに関する配慮が必要になります。

自らの特性が明らかになっていれば、会社側に説明してなんらかの配慮を求めることになりますが、ただ、これはあまり期待しないほうがよいかもしれません。人間関係のトラブルで上司や産業医に相談する場合は「いじめの形」の節で述べた通り、証拠がなければ「病気が悪化した」ことを疑われるだけです。

また、相談のあとしばらくはまわりの人の配慮のもとで働けるかもしれませんが、いずれ忘れ去られてしまう可能性はけっこう高いのです。上司が常に仕事に忙殺されているような場合は特にそうです。

仮に一目でわかるような身体的な支障、たとえば足を骨折したというような場合、歩行困難に対する配慮が必要だと即座にわかりますが、あいにく発達障害者は見かけ上は定型発達者となんの変わりもありません。どうしても一般の社員と同一に見られがちです。「特性を説明したはずなのに」と思っても、それを繰り返し伝えることは上司の機嫌を損ねることにもなりかねません。あまつさえ、数年のちにようやく特性も理解してもらえたようだと思えたころには、上司の異動が待っていたりします。そうなるとまた最初からやり直しです。

わたしの場合、疲れがひどいことから昼休みには健康相談室（体調の悪い社員が休んだり、産業医が診察に使ったりする部屋）を使わせてもらっていました。その部屋で椅子に座ってじっと目を閉じていることで、ずいぶんリフレッシュすることができたのですが、体調を崩して長期休暇をとり、復帰したあとで再び使用の許可を求めたところ「医師の診断書に「よくなった」とあるのだからもう必要ないだろう」と断られてしまいました。この返答にはちょっと愕然としました。「よくなった」のはうつ病のほうで、発達障害の疲れやすい特性が根本的によくなるわけはないのです。休暇中に人事部長、障害者担当の社員が異動になっており、なんの申し送りもなかったようです。残念ながら、その時点ではもうわたしには会社側と交渉する気力は残っていませんでした。

思い返せば、仕事を始めた時点で自身の特性と配慮してもらいたい点をリスト化したうえで会社側に提出しておけば、このようなことは避けられたかもしれません。しかし、わたしが実際にリストを提出したのは会社を辞めざるを得なくなる直前のことなのです。ここまで遅れてしまったのは、長きにわたり自身の発達障害の特性を言葉にできるほど明確に自覚していなかったことに加え、自分が求める具体的な配慮にまで思いが至らなかったことが原因です。特性についてはある程度つかんではいましたが、やはりほかの社員から「どうしてそんなにこだわるのか」などといわれたり、つまらないことで人間関係に支障が生じたりするなかで、ようやくわかってくることも少なくないのです。

そのなかで入社当初、唯一自覚的に思いついた配慮が「休息」でした。その他の点についてリスト化できるほどに明らかになったのは、数年をすぎて体調が相当悪化してきた時期に重なります。思うに、調子のよい時期というのは「配慮してほしいこと」などほとんど意識にのぼらず、逆境に陥ってようやく自覚されてくるものなのかもしれません。

以上のメンタルヘルスに関する配慮については、法的にいえば障害者差別解消法に基づく「合理的配慮」に関わる部分になります。会社側は障害者側から「社会的バリアをとり除いてほしい」などの意思表示があった場合に、両者で「建設的対話」を交わして負担が重すぎない範囲で求めに対応することが望まれています。この当時は努力義務でしたが、二〇二四年四月から義務化されましたので、障害者側としてはより強い立場で交渉ができるようになりました。

先入観はもたない

世の中にはさまざまな業界があり職種があり、そこにはその業界、職種に特有の環境があります。

一般論ですが、発達障害者にとっては例外的にコミュニケーション能力の高い人を除いて、複雑な人間関係を避けられるような職場が望ましいといわれています。高度なコミュニケーション能力が求められる職場かそうでないかは、発達障害者にとって仕事の長期継続を考えた場合に重要なポイントです。ですが、これはあまり先入観で判断しないほうがよさそうです。

あらゆる仕事においてコミュニケーション能力は必要となりますが、それがどんなときにどんな形で必要になるのか、どれくらいのレベルの能力が必要なのかなどは実際に仕事をしてみなければなかなかわかりません。コミュニケーション能力がそれほど重要でないと思われる仕事でもけっこう必要な場面が多かったり、「感情労働」といわれるコミュニケーション能力必須の仕事でも環境さえ整っていればなんとかなったりと、多様なケースがあるものです。

たとえば交通誘導員といえば、工事現場近くに立って人や車の流れを適切に管理する仕事で、どちらかといえば酷暑、極寒の屋外で立ち続けられる体力と忍耐力が必須で、コミュニケーション能力は求められない仕事という印象があります。

ところが、意外にコミュニケーション能力が必要となる場面も多いそうです。

ある交通誘導員は、業務をそつなくこなす資質の高い人物でも、近隣住人やドライバーとの協力関係をうまく結べない人物はどうしてもトラブルを起こしやすく、長続きしないと指摘しています(14)。

現場が通行止めの場合、ドライバーに迂回を求めたりするわけですが、多少の説得ではいうことを聞かないドライバーもいたりして誘導員とトラブルになったりするそうです。そんなとき、どれほど相手に非があったとしてもひたすら頭を下げ、怒り狂う相手の気持ちを言葉でやわらげ、穏便にことを済ませられるようなコミュニケーション能力が必要とされます。また、世間話などを通して近隣住民とよい関係を築けているなら、工事を進めるうえで多少の迷惑をかけても多めに見てもらえることもあるようです。

他方で、ケアマネジャーといえば「感情労働」の代表格でもあり、コミュニケーション

(14)柏耕一『交通誘導員ヨレヨレ日記——当年73歳、本日も炎天下、朝っぱらから現場に立ちます』(三五館シンシャ、二〇一九年、一七四～一七九頁)

能力の達人において初めてなせる業だとわたしは思っていました。

ところが、自らをＡＤＨＤと称するあるケアマネジャーの女性は、さまざまな苦労がありながらも仕事は「環境が決め手」と明言しています(15)。

彼女は、診断を受けてはいませんが、自分はおそらくＡＤＨＤの不注意優勢型のグレーゾーンで、軽度の学習障害もあわせ持っていると推測しています。小学生のころは、足し算、引き算、かけ算は何回やっても間違い、文章題もできませんでした。さらには、時計が読めない、空想ばかりしている、運動神経が鈍く、手先は不器用と「困りごと」に悩まされます。高校に入ると、カバンや机の引き出しはゴミだらけ、身だしなみも整えられず学校でいちばん汚いといわれるなど、どうしようもない生きづらさを抱えていました。

三十八歳から介護職に関わり、必死で努力してはきたものの、長年働いた地域包括支援センターでの定年を延長してもらえず、次に就職した職場では人間関係の悪化からＡＤＨＤの特性が強く出始め、退職に追い込まれてしまいます。ケアマネジャーに限らず介護業界は重労働であり、重責を担っています。結果として仕事の継続はままならなかったわけですが、発達障害の特性に苦しみながらよく長い期間務まったなぁと、つくづく感心せざるを得ません。

その後彼女は六十代後半である小さなＮＰＯ法人で働くことになりますが、そこでは同僚たちに導かれ、助けられながらも仕事は滞らず、なんとかまわっています。誰も彼女を責めたり、叱ったり、蔑んだりしません。そしてあらためてＡＤＨＤへの対策は「環境」であることを痛感したそうです。

わたしの知り合いにやはり介護職に携わる発達障害の中年男性がいます。その人は介護の仕事そのものは自分には負担が重すぎることを自覚したうえで、補助的な仕事をまわしてもらっています。清掃、洗濯、食器洗いなどで、人手が足りなくて応援に呼ばれるとき以外は施設の入所者に直接接することはありません。彼はこういいます。

「気持ちよく働けるかどうかは、とにかくその職場によります。わたしは男性社員の多い職場が合っていますが、そういう職場でわたしのように配慮してもらえば仕事は十分できますよ」。

確かに日々いろいろな出来事はありますが、いまの仕事につらさは感じていないそうです。

一般的に発達障害者に向いている職種、向いていない職種があることはよくいわれますが、あまり安易に信じ込んで最初から特定の職種を忌避するようなことは避けたほうがよさそうです。募集される職種自体がそのときどきの人手不足や景気などに左右されますので、実際にはこちら側が職種を選ぶゆとりがない場合がほとんどかもしれません。その際

(15)岸山真理子『ケアマネジャーはらはら日記――当年68歳、介護の困り事、おののきながら駆けつけます』(三五館シンシャ、二〇二一年、四二～四三頁、二〇一頁)

には、まずなんらかの仕事に携わってみて、そのなかで自らの特性に見合った作業はないか、柔軟に対応してもらえないかを、注意深く見極めることが大切でしょう。

物理的環境について知る

ここまでは人間関係を中心に見てきましたが、ここからは都市部の企業組織で働く場合に避けられない物理的な社内環境や通勤などの問題について考えてみます。

見られているという意識

現代社会はコンプライアンス（法令遵守）や情報セキュリティの問題に敏感になっていますので、四六時中監視されている職場という状況は特に驚くようなことではありませんが、集団のなかで疲れやすい発達障害者にとってはさらなる精神的負担となりかねないので、あえて書いておきます。

わたしが以前仕事をしていた会社では、社員に対する監視体制がなかなか充実していました。各階に監視カメラが設置されていて、社員の動向が常に録画されています。社員が食事をしたり、休息をとったりするコミュニティルームなるものもありましたが、そこにももちろんカメラが設置されていました。それが日常となっている方々にはなんということもないでしょうが、わたしにとっては若いころ読んだジョージ・オーウェル『１９８４』（新訳版、田内志文訳、ＫＡＤＯＫＡＷＡ、二〇二一年）(16)のイメージが強く残りすぎていて、仕事中に「見られている」という意識がよぎったときは嫌な気分になったのは確かです。

各社員が使うパソコンも同様です。確認したわけではありませんが、社内ＩＴを統括する情報システム部において、個人のメールのやりとりやその他インターネットの閲覧履歴も含めてそれなりにチェックされていたようです。あるときわたしの使うメールアドレスに異常が生じた際、わたし自身がそれに気づくか気づかないうちに、管理担当者が飛んできて対応の仕方を指示されたのにはびっくりしました。

また、書類などのプリントアウトはコピー機（デジタル複合機）を使うわけですが、個々の社員がいつどれだけの分量を使用したのか、その文書のタイトルについてもしっかりと把握されています。

さらにいえば、その会社では幹部の奥方様が何人か平社員として働いていました。社内結婚をして運よく選んだ夫が出世街道を驀進《ばくしん》して支配的ポジションについた、恵まれた奥様方です。人事部長も含めてほかの社員はそのあたりの事情を重々心得ていて、そうした方々を丁重に扱っていることがはた目からもよくわかりました。内向きの組織の典型と

(16) 全体主義国家によって分割統治されたディストピアの恐怖を描いた小説。「テレスクリーン」と呼ばれる双方向のテレビや、あらゆるところにしかけられたマイクによって、人々の生活は常時当局に監視されている。

いっては失礼ですが、この会社はこうした社内結婚が多いそうで、ある階には管理職の夫が、ある階にはその妻がというケースは往々にしてあるのです（同じフロアのある部に夫が、約三～四メートル離れたほかの部に妻が働いていたこともあります）。

ある幹部社員が異動になってほかの階へ移った際に、奥様がしっかりとそのあとを追いかけるように幹部のいた階に異動になったことには少々驚きました。夫が本社なら奥様は近場にある支社へという異動のほうがほかの社員にとっても精神衛生上よいのではないかと思いますが、この会社にそのような発想はなかったようです。わたしには何重にも張られた監視網の一つとしか思えませんでした。

もう一つわだかまりを感じたのは、障害者雇用で採用された社員をほかの障害者の監視役にすることです。もちろん会社からはそんな言い方ではなく、「リーダー役になってくれ」という文句で依頼されるわけですが、そのリーダーになった人物が行ったのは、わたしのような「迂闊を絵にかいた」「悪目立ちしている」障害者の言動や行動を逐一上司に報告することでした。別段リーダーからの指導や助言などありません、やっていたことはこれだけです。

この人物が報告（密告？）した内容は総務課長に伝えられ、それが総務課や人事部内でたちどころに共有されて、わたしへの対処法への指示が出ます。なにかが話し合われたということがわかるのは周囲の人物の対応が露骨に変化するからですが、それならそれでまずことの次第をわたしに確認して、なにが問題なのかを指摘して是正するよう促してもらえればよいのですが、それは一切ありません。これは不快以外のなにものでもありませんでした。

これではいつでも監視されているという意識が心のうちに芽生えて、緊張を強いられることになります。情報セキュリティなどに過敏にならざるを得ないのはわかりますが、わたしには度を越しているように思えました。

会社における人事管理の仕方はそれぞれですから一概にはいえませんが、わたしの知り合いの障害者雇用で働く発達障害者のなかにはもっときめの細かい管理を経験してきた人もいました。

たとえばある人が以前働いていた会社では、支援員なる担当者によって、日々の言動や行動を事細かに採点され、最終的にそれらがまとめられて評価が下されるのだそうです。そのために支援員と何回も面談をこなすことになります。

見方を変えれば、それだけ注目してもらったうえに話し合う機会があるのであれば、悩み事の相談に乗ってもらえたでしょうし、誤解があれば釈明の機会もあったのではと思われるのですが、どうもそうではなかったようです。本人によれば「一挙手一投足に至るまで常時監視体制に置かれている」としか思えず、非常に嫌な思いをしたそうです。

さらにいえば、現代人の生活はインターネットや監視カメラ、偵察衛星などによって日常的に監視網に晒されているようなものですので、しまいには監視されていることをなんとも思わなくなり、「そのほうが安心で安全だ」と自ら監視を望むような気持ちになってしまうのかもしれません。近隣の大国などを見れば、すでにそのような世界はやってきているのだとも思えます。残念ながら、拗ね者であるわたしは一向にそんな気分になれず、社内の監視カメラが見えるたびにやっていたことというのは、ただ「うっとうしい」と睨み返すことくらいでした。馬鹿な話ですが「自ら監視を望んでしまえば、楽なのになぁ」と妙な気持ちになったものです。

最後に余談ですが、会社の「管理」についてひとこと。いまどき社員証を首からぶら下げて街を歩いているサラリーマンを見かけるのはまったくの日常です。わたしも同様で、所持していたカードには、名前や社員番号、会社名などが記され、顔写真もしっかりとプリントされていました。勤怠管理やセキュリティ管理などには欠かせないアイテムですので、採用している会社や団体も相当数に上るでしょう。

わたしはこの「首からぶら下げる社員証」が苦手でした。というのは、発達障害の特性もあるとは思いますが、どういうわけか社員証を首からかけていることをすぐに忘れてしまうのです。退社時からずっと首にかけたままでラッシュの電車に揺られ、スーパーなど数軒の店に立ち寄って買い物をし、帰宅して玄関で靴を脱いだところで、「あれっ」と気づいて呆れること十数回。あとになって、訪れた店先で怪訝な顔でわたしを見つめていた若い女性店員の姿を思い出したりします。これはなかなか恥ずかしいものがあります。個人情報を満天下に知らしめながら「わたしはこれこれの阿呆でございます」と宣伝しながら帰宅してきたようなものです。

大学を卒業して以来、ある意味、「野に放たれた」ように仕事をしてきたわけですが、そのつけが還暦近くになって「監視と管理」という形でまとめて押し寄せてきたかのようです。「赤面」まで伴うとは、ちょっと予想外でしたが。

大部屋の過密な席配置

こうした監視や管理で常にストレスを感じていたわたしにとって、さらに負担になったのは席の配置です。

あなたが精神障害者枠で会社に就職したとするなら、総務系職場でほぼ大部屋での仕事が待っているでしょう。わたしはこの大部屋で同じ部署の者同士が事務机を突き合せた「島型」レイアウトの職場というのが昔からかなり苦手でした。

当時はなぜそんな苦手意識が湧き上がってくるのかわからなかったのですが、いまなら原因の一つに発達障害があることは理解できます。

なにしろちょっと顔を上げただけで、パソコンのモニター越しに向かいの人の顔が見えてしまう。目が合いそうで合わない微妙な感覚。右も左もぴったりと隙間なく隣人の机が接している圧迫感。そこで仕事をする自分の姿を想像するだけで息が詰まりそうになって、仕事部屋に入るのを躊躇《ちゅうちょ》したこともあります。

就職する前の学生時代からすでに大部屋の「島型」レイアウトに嫌悪感を抱いていて、就活ではなるべくこうした「島」に朝から晩まで張りつくような仕事は避けようと決めていました。

その後、報道機関では基本的には外まわりの仕事が多く、また海外で仕事をしていたときは個室ばかりでしたので席配置によるつらさは感じませんでしたが、精神障害者雇用で採用されてからはこの密度の高い職場で働かざるを得なくなりました。

こうした大部屋での共同作業の成り立ちについていえば、そもそも明治時代の日本の官僚制において「課」より下の職務範囲が明確にならなかったことに由来しているそうです。[17]「各職員の職務の範囲が明確化され、各自に個室が必要だという意識が形成されれば、個室がある建物は作られた」はずですが、それが不明確であったことが理由の一つとなって、一課一部屋の「大部屋主義」に至ったわけです。

大部屋が主流になったことはわかりましたが、それではなぜ「島型」レイアウトになったのでしょうか。

これは推測ですが、そもそも賃料の高い都市圏では社員一人ひとりに十分な空間的ゆとりのある職場を確保できなかったことが理由の一つではないかと思われます。また、よろず上長の許認可が必要な日本的職場では、情報伝達を効率的に行うために必要なレイアウトだったとも考えられます。さらにいえば、職務があいまいということはほかの社員との協力関係が重視されるわけですから、個別の仕切りなど必要なかったということかもしれません。

こうした伝統的なオフィス形態に対しても変革の波はやってきていますので、これは五章にて後述します。

十数センチの距離に人の顔

都会の通勤ラッシュが好きな人はいないと思いますが、これまでのわたしの特性からおわかりの通り、もう嫌悪感しかありません。若いころから、ああいう「人間用」というより「貨物および家畜運搬用」の長い箱のようなものに毎日詰め込まれて通勤するような仕事には絶対につきたくない、と思っていましたが、これもまた精神障害者雇用という「貴重な機会(?)」を得て実現してしまいました。

それでも片道一時間半の通勤時間のうち半分程度の通勤ラッシュを約五年間我慢はしたのです。これくらいのことで文句をいうなといわれそうですが、この程度でも脆弱な発達

(17)小熊英二『日本社会のしくみ——雇用・教育・福祉の歴史社会学』(講談社、二〇一九年、二九三〜二九四頁)

二次障害者には吐き気を催すほどつらいものがあるのです。

そのあいだ、不快な思いをしたことは数知れません。床の上に置かれた鞄に気づかず躓いて車内で転倒して顔面を強打したり、人身事故の影響によるすさまじい混雑のなかで乗客同士のトラブルに巻き込まれたり、大混雑の電車のドアが開いたとたん内部の圧力でホームに投げ出されたり……。

電車内の狂気の沙汰だけではありません。

ある乗換駅の早朝のホームの混雑状況も、わたしには鬼門でした。

その駅発の電車を待つ人々の列が足元に「乗車口」と表示された近辺にまず一列並び、さらに次発に向けた待機列がその片側にでき始め、なおかつ次々発の電車への待機列までできるに及んで、合計六本近い行列がホーム上の乗車口の表示を起点にどんどん膨張していきます。ただでさえ狭い「ホームドア」なしのホームに、線路にこぼれ落ちんばかりに勤め人であふれかえってしまうのです。乗り換え口から階段でホームに降りようとするときに、ダークカラーに身を包んだスーツ族のうごめく海が見えます。それはもうゾッとするような光景です。

一年くらいしてそんな通勤ラッシュにうんざりしてしまい、早朝五時すぎの始発電車で出社することにしました。確実に座れる時間帯でしたので出社時の混雑についてはクリアできましたが、残念ながら帰宅時は避けようがありません。

始発出勤という努力はしてみたものの、トータルでみれば通勤に往復三時間をかけて、八時間労働プラス就業時間の前に早朝の二時間（午前七時に出社）が加わるわけですから、ただでさえ疲れやすいわたしは家に戻るともう疲労困憊状態でした。

もちろん通勤ラッシュ、通勤時間についてはこの本をお読みの皆さんにも各自壮絶など経験があることかと思います。誰もがストレス、疲れを感じているであろうことはよく承知しています。ですが、あえていわせていただきたい。だいたい目の前十数センチに他人の顔が迫ってくるような混雑状況でじっと耐え続けるということを何年も続けていれば、確実にストレスが蓄積します、というか発狂します！

というわけでこのまま放っておくのは危険（？）なので、どなたもが行っている気を逸らす方法に徹しました。ウォークマンで音楽を聞く、マインドフルネスの瞑想ＣＤを聞くなどして、別の世界を楽しむようにしていましたが、しかし、それでもストレスは蓄積せざるを得ませんでした。

仕事を始めた当初かなり不安に感じていたのは、こんな状態で果たして勤務を継続できるだろうか、ということでしたが、結局、退職につながった原因の一つに、通勤ラッシュによるストレスがあったことは確かです。

首都圏の通勤ラッシュは、すでに大正十一年（一九二二年）に物理学者の寺田寅彦が「電車の混雑について」という随筆を発表して「どうしたら混雑を効率的に避けられるのか」

について考察しているくらいですから、当時から珍しいことではなかったようです。

それからすでに百年がすぎていますが、いまだに混雑は解消されていません。かつてに比べれば影が薄くはなりましたが、日本は世界に名だたる技術立国であり、世界に先駆けて高速鉄道を開発した国であるはずなのに、どうしてこんな黒歴史が一世紀以上にわたって解決できていないのかは、わたしにはさっぱりわかりません。

過去を振り返ってみれば、失神する人さえ出た昭和の「通勤地獄」に比べれば緩和されたことは確かですし、いまの時代でも信号システムを見直したり、運賃を改定したりすることである程度の改善は可能なようです[18]。ただ、そうしたいくつかの処方箋によって混雑が大幅に解消されたという話は、寡聞にして知りません[19]。多分にその手の対症療法ではとても手に負えない都市の企業立地や通勤圏、交通網、人口の増減、そのほか構造的な問題が背景に関わっていると思われますが、そうなるともう政治問題です。

もちろん今後の人口減を考えれば、いずれ緩和はされるのでしょう。そのあたりは異論のないところかもしれませんが、しかし、それは数十年先、あるいは百年先、いずれにせよわたしがもうこの世に存在していない世界の話です。それまで障害者のみならず一般の方々がどれほどストレスに耐え続けなければならないのかを考えると、それだけでうつ病に陥りそうです。

首都圏に住む発達障害者にとって雇用先を決めるにあたり、通勤手段は重要な判断材料です。いうまでもないことですが、鉄道の場合、人身事故や荒天、故障による遅延や運行停止などがうんざりするほど発生しますので、迂回路を含めて回避策をよく検討しておくべきです。どなたもがそうだと思いますが、長く勤めたいという希望があるなら通勤手段については熟慮に熟慮を重ねてください。できることなら多少条件は悪くても極力自宅に近い職場を選ぶほうが賢明だと思います。

(18)阿部等『満員電車がなくなる日 改訂版』(戎光祥出版、二〇一六年)
(19)JR東日本は二〇二三年三月から首都圏の混雑する区間に変動運賃制を導入しました。朝の通勤ラッシュを避けるために約一割安い「オフピーク定期券」をとり入れ、従来の定期券は一・四パーセント値上げしています。これにより五パーセント程度の混雑緩和を見込んでいますが、一方で「オフピーク定期券」の購入率の低さや、企業側の導入意向の弱さなども明らかになっています。制度自体は三年間の期限つき。(読売新聞、二〇二三年六月六日、朝刊)

「いきのびる」ための読書ガイドⅢ

第三章　とりまく環境を知る

斎藤環『ヤンキー化する日本』（KADOKAWA、2014年）

丸山眞男が古事記に見出した「つぎつぎとなりゆくいきほひ」の概念をヤンキー的に言い換えるなら、「気合とアゲアゲのノリさえあれば、まあなんとかなるべ」となる。気合や絆のもと家族や仲間を大切にする集団主義的、村社会的「文化」が確実に広がっている。

樋口耕太郎『沖縄から貧困がなくならない本当の理由』（光文社、2020年）

沖縄社会の貧困問題について16年にわたる著者の経験をもとに分析。「現状維持が鉄則で、同調圧力が強く、出る杭の存在を許さない」などを特徴とする沖縄の「シマ社会」は、そのまま日本社会の縮図とも思える。

パーラヴィ・アイヤール『日本でわたしも考えた――インド人ジャーナリストが体感した禅とトイレと温泉と』（笠井亮平訳、白水社、2022年）

インド人女性ジャーナリストの日本観。第五章で日本における「ガイジン」差別、極右団体による大音響のヘイトスピーチ、被差別部落出身者への差別、帰国子女への差別を含め、日本人の持つ「差別意識」についてコンパクトにまとめている。

第四章　「自分自身」と折り合いをつける

少しゆるめの弦で

ここまでで自分でもわかりにくい「自らの特性」について、そして職場環境を中心に「他者」や「とりまく環境」について述べてきました。

ここからは得られた知見をもとに、まず「自分自身」との折り合いをテーマに、日常の「困りごと」をどうやって解消していくのか、二次障害をどのようにしたら防げるのかなどについて、試行錯誤するなかで実際に効果のあった対処法や「これは効果がありそうだ」と思った対処法をいくつか紹介します。

さて、本題に入る前に、是非とも承知しておいていただきたいことを述べておきます。あまりにあたり前のことではあるのですが、それは、**日々の生活のなかで過度なストレスをできるだけ避けていただきたい**ということです。

還暦までの人生を振り返ってみると、その日のうちに解消できない「過度なストレス＝慢性疲労」ほど恐ろしいものはないということを嫌というほど自覚させられました。ストレスは「万病のもと」であるばかりか、溜まりすぎると冷静な判断力を失ううえに、確実にキレやすくなります。それによって致命的な失敗を犯すことがあるばかりか、最悪の場合は、法を犯すようなことをしでかしたり、自死に至ったりすることもあり得ます。

定型発達者でさえこうした陥穽にとらわれやすいのですから、もともと過集中などで人一倍疲れやすく、その疲弊に無自覚な発達障害者はなおさらです。そうした危うい発達障害者のなかでも二次障害を発症した方々であれば、さらに危険度は増していると考えるべきです。

とにかく無茶な努力はしない、限界を知る、頑張らない、怠けて暮らす、根を詰めない、何事もテキトーに済ます、疲れたら必ず休む、寝る――。

挙げていけばきりがありませんが、日頃からこうした言葉を「呪文」のようにとなえるくらいでちょうどよいでしょう。

もちろんまったくストレスのない状態は存在しません。自分の生命を維持するために、また、自分を向上させるためにも適度な緊張はあるべきです。しかしながら、強く張りすぎた弦もゆるすぎる弦も「よい音」はしないのです。とりわけ二次障害を負った発達障害者の場合には「少しゆるめの弦」でちょうどよいと思います。

そして二次障害としてのうつ病や気分障害などの精神疾患を負ってしまったなら、まずは医師の診断を受けたうえで、薬を飲んでできる限りなにもせずに休むことに徹してください。このことはいくら強調しても、しすぎることはありません。可能なら数か月、場合によっては年単位で休んでしまいましょう。とにかく外界をシャットアウトして徹底的に疲れをとることです。いまの日本の社会システムでは非常に難しいことは承知しています。また、一人が休んだ分の「ツケ」は誰かが払わなければならないことも経験上、十分に理解しているつもりです。しかし、長い目で見ればこのほうが社会復帰への近道であることをいまにして痛切に感じるからです。

こういう状態に陥った人間というのは、本人は相当苦しんでいるのに、端から見ると単に無聊をかこっている人物としか見られません。なにをするでもなくブラブラとして、ちょっとテレビでも見ていたかと思うと、もうたた寝をしています。こうなると、自身の経験も交えていいますが、周囲から「怠けていないで働け」という叱咤に晒されることになります。ですが、ここは強くいっておきますが、こんな言葉や態度にあおられて、治癒もしていないのに無理に仕事をすることは絶対にやめましょう。二次障害を悪化させて、へたをすると二度と立ち上がれない生活に落ち込んでしまうかもしれません。

「武士道」で知られる新渡戸稲造は、失望する人を慰めようとするとき、自ら失望して落胆するときに「十年待て」と言い聞かせるそうです。実質的には「普通の人なら七、八年」とも言い添えています。(1) 確かにこれくらいの期間を考えていれば、気持ちとしてはずいぶん楽になります。

それとちょっと年寄りの説教のようで申し訳ないのですが、日々心がけておくこととして、「生活リズムを整える」「十分な睡眠をとる」「適度な運動を行う」「バランスのよい食事を心がける」「酒やたばこなどの刺激物を極力控える」の五つを挙げておきます。

個人的な「五戒」だと考えてください。長くうつ病を経験するなかでこれらがどれほど重要なことであるかは身に染みています。疲れをとることプラスこの五つを実践するだけで、大方の問題が解消されてしまうかもしれません。というわけで、これらが可能な限り守られていることを大前提としておきます。

工夫を積み重ね、習慣化

さて、本題に戻りますが、ここではまず「自分自身」について折り合いをつける方法として、考え方を「リフレーミング」（再枠組み）すること、もう一つは「セルフチェック」に注目していきます。いずれもとり立てて新しい方法でもなければ、それをすることで劇的にすべてが改善するという方法でもありません。それらを通していえるのは、「物事をできる限り客観的にとらえて、そこから浮かび上がってきた課題を改善していくための小さな工夫を積み重ねていく、習慣化していく」ということに尽きます。さらに近年進歩の著しいスマートウォッチのようなウェアラブルデバイスを利用したセルフトラッキング

（1）新渡戸稲造『自警録――心のもちかた』（講談社、一九八二年、一五二頁）

（自身の行動や健康状態の記録と分析）による睡眠の調整や、伝統的な「呼吸法」によって嫌な気分を払拭する方法も参考までに紹介しておきます。

お伝えするなかで、第二章で挙げたわたしの発達障害の「特性」に何度も立ち返ることになりますので、本章でご紹介する対処法がどの特性にどのような影響を与えたのか、加えて「不眠」や「気分」の改善にどのように役立ったのかについても詳しく知ることができると思います。類似した特性や「困りごと」をお持ちの方は、関係のありそうな部分を読むだけでもなにかの参考となるかもしれません。

こうしたことは極めて個人的な営みと考えられそうですが、自らの機嫌が上向くのは職場にとっても望ましいことですし、同僚に対しても少なからずよい影響を与えます。自らにのみ閉じた世界ではなく、わたしたちの生きる外の世界にとっても有効であるということを、あらためて強調しておきます。

リフレーミング

うつ病でつらい気分になったときによくやっていたことですが、その場でノートに思いを書き出していました。はじめは「腹が立つ」とか「すべてが嫌になった」とか、ただ思うままに殴り書きしているような状態でしたが、書き慣れたところで今度は嫌な気持ちを具体的に記述して、前向きな気持ちに「再枠組み」するよう心がけました。

どのような物事も二面性を持っています。「上司から叱責された。自分はもうだめだ」と書いたなら視点を変えて「そのおかげで自身の問題に気がついた。問題解決にとり組むきっかけになった」などと言い換えていくのです。しばらくしてノートを読み返すと、以前よりは多少気持ちが落ち着いているのを感じました。こうした方法は一般に「リフレーミング」と呼ばれています。リフレーミングとは、ある物事に対する枠組みをはずして、違う視点から見直すことを意味する心理学の用語です。[2]

こういうことは定型発達者なら心のなかで自然と行われているのでしょうが、うつ状態に陥るとなかなか簡単にはできません。わたしの場合は寝床から起き上がれないほどの重いうつ状態ではなかったので、「リフレーミ

(2)太田晴久『職場の発達障害――自閉スペクトラム症編』(講談社、二〇一九年、五八～五九頁)

ング」の要素を含む「認知行動療法」（ＣＢＴ）[3]を受けられればもっとよかったのですが、当時はまだ一般的な治療法ではありませんでした。やむを得ず本などを頼りに自己流でとり組むことにしたのです。

これはあとになって知ったことですが、三百年前に刊行されたダニエル・デフォーの小説『ロビンソン・クルーソー』に似たような方法が描かれていて、ちょっと驚きました。フィクションとはいえ、自分の境遇を「バランスシート」でとらえて客観的に見ることの大切さをうまく伝えていますのでご紹介します。

クルーソーは、乗っていた船が難破し、無人島に流れ着いたときに自分の境遇について考え始めます。

> 今では理性によって暗い気持ちをおさえられるようになってきたので、できる限り自分をなぐさめ、善い点と悪い点とをくらべてみた。そうすれば、現在の自分よりも悲惨な境遇のありうることがわかるかもしれない。私は両者を貸方と借方のように、公平に記した。
>
> 悪い点　わびしい孤島に打ちあげられ、救い出される可能性がない。
> 善い点　だが、ほかの仲間たちのように溺死せず、生きている。

悪い点　人間社会から追放され、世捨て人の状態にある。
善い点　だが、不毛の土地に置かれて飢死にしそうというわけではない。

この対照表が明らかにしているのは、どのようにみじめな境遇にあっても、なにかしら感謝すべきことがあるという事実である。この世でいちばん悲惨な経験をしたものとして語るのであるが、われわれはつねに自分をなぐさめるものを見つけることができ、善い点と悪い点をくらべれば、前者のほうが大きいのだ。(4)（筆者にて一部要約）

わたしの場合は、毎日のように「リフレーミング」作業をしていたわけではなく、時折、思いついたときに書きつける程度でしたが、作業を続けているうちに慣れてくるものです。

（3）「認知行動療法」（CBT）とは、認知療法と行動療法という別々の理論背景を持つ治療法の総称です。物事の受け止め方（認知）が否定的すぎる場合、その「認知の歪み」をどのように修正していけばよいかを考えるのが認知的アプローチ。また、自分でもよくないとわかっているのにある行動パターンをやめられないというような場合、その問題を解決するのは行動療法的アプローチになります。中島美鈴『悩み・不安・怒りを小さくするレッスン――「認知行動療法」入門』（光文社、二〇一六年、一一～一七頁）

（4）完訳版は長文のため、岩波少年文庫版を引用。ダニエル・デフォー『ロビンソン・クルーソー』（海保眞夫訳、岩波書店、二〇〇四年、八三～八六頁）

一年くらい経ったころでしょうか、書き出さないでも頭のなかで自然と切り替えができるようになってきました。難しいことではありません。ただ「～だからよかった」とつぶやくだけです。嫌な思いをしたあとで「でも、こんなよいこともあった」と考え直すのです。もう一つ、このつぶやきの別バージョンですが、「これで厄が落ちた」と考えることもあります。わたしはよくお金を落としたり、もの忘れをしたりするのですが、本当ならもっとひどい災難に襲われるはずだったのだけれど、「この程度のことで済んだ」、「ラッキーだった」と切り替えるようにしています。

常にすんなりといくわけはありませんが、こうした考え方に馴染んだおかげで、何事においてもまあまあ気持ちをプラスに切り替える「習慣」はついたように思います。

ちなみにデビッド・D・バーンズの『いやな気分よ、さようなら』は一九八〇年に米国で発行され、うつ病を和らげてくれる「認知療法」を世に広めたベストセラーです[5]。内容を簡単にいえば、何事もマイナスにとらえて自己否定してしまううつ病患者の「自動思考」から抜け出すために、自分の「認知」がどのように歪んでいるのかを考え、その「歪み」を正して「合理的な反応」へと自分を導いていくことを基本としています。

十種類に分類された「認知の歪み」とは、失敗したのだからわたしの人生は完全に終わってしまったという「すべてか無か思考」、ちょっと運の悪いことが起きるとすべてが暗い人生に結びつくという「一般化のしすぎ」、意識にのぼることとすべてネガティブにとらえる「心のフィルター」、何事も「〜すべき」「〜しなければならない」と考えて自分を追い詰めてしまう「すべき思考」、なにかよくないことが起きたなら、すべて自分のせいにしてしまう「個人化」などで、これらがうつ病を引き起こす原因になっているとされています。

もっともシンプルな「認知療法」は、ノートに三つの欄をつくり、最初の欄には「いつも会議に遅刻してしまう」などの「自動思考」を、次の欄にこの思考にあてはまる「一般化のしすぎ」などの「認知の歪み」を書き込んでいきます。そして最後の欄で「いつもではなく、時間通りに会議に出られたこともある。時間を守れる方法を考えよう」などの合理的な反応に書き換えていきます。

ノートと筆記用具さえあれば簡単にできるこの方法は当時革新的に思えましたが、いかんせん、わたしのようなズボラな人間はこれでさえときとして面倒に感じてしまいます。なんとかもっと簡単にできる方法はないかと探ったうえで、たどりついたのが先のリフレーミングです。肝心のうつ病特有の「自動思考」というとらえ方や「認知の歪み」が抜けていますので「仏つくって魂入れず」の批判を免れませんが、まあそれも自分流です。なにしろ「〜だからよかった」「厄が落ちた」のひとことで済むわけですから、習慣になってしまえば便利なことこのうえないのです。

（5）デビッド・D・バーンズ『いやな気分よ、さようなら——自分で学ぶ「抑うつ」克服法　コンパクト版』（野村総一郎ほか訳、星和書店、二〇一三年）

それから数年経ってからですが、発達障害の診断を受けたことで、もう一度、今度は自らの特性についてメモをとるようにしてみました。それがこの本を書くもとになっているのですが、こうすることでいままでぼやけていた特性が明確になったことは第二章で見た通りです。よく考えてみれば、そこでわかった特性は「認知の歪み」とも重なる部分がかなりあるのです。そこであらためて、これまでネガティブにとらえていた自分の特性を「リフレーミング」させることを意識し始めました。

特性を強みに変える

「自らの特性を強みに変えていく」というのは、発達障害関連の著作を読んでいれば必ず出てくるキーワードです。世の中では「コンプレックスを武器にする」として広く理解されています。

たとえばわたしの「陰気」な性格についていえば、そんなことをくよくよ悩んでもいっそう落ち込むだけです。そうではなく自分は「石橋を叩いてわたる」タイプなのだと考えるほうがよほど気持ちよく生きていけます。

哲学者ショーペンハウアーは次のように明言しています。

陰気型の人間、すなわち陰鬱なくよくよした性格の持ち主は、朗らかな呑気な性格の持ち主に較べると、想像上の災難や苦悩を多く経験させられはしても、現実の災難や苦悩を嘗めさせられることはむしろ少ない。なぜかというに、万事を悲観的に見て、絶えず最悪の場合を気づかい、したがって適当な予防策を講ずる人間は、いつも朗らかな色合いと朗らかな展望とを添えて事物を眺める人に比して、誤算をしていたということが少ない。(6)

発達障害の特性でも同じことがいえます。

「空気が読めない」という特性を例にとって考えてみるなら、個人的にはロクでもないことばかり引き起こしてきたようにも思えるのですが、ひょっとしたらよい面もあったかもしれません。

たとえば岡檀『生き心地の良い町――この自殺率の低さには理由《わけ》がある』(講談社、二〇一三年、一〇一～一〇四頁)では、学校のいじめについて「空気が読めない」人の効用について考えています。

生徒たちがあつまってある人物の悪口が始まったとします。話をすればするほど盛り上がって悪口の洪水になってしまうのは群集心理の常ですが、その意識をその場の全員が共

(6)アルトゥール・ショーペンハウアー『幸福について――人生論』(橋本文夫訳、新潮社、一九五八年、三二二頁)

有してしまったとして、そのあとに悪口の対象者に出会おうものならいきなり無視したり、口をきかなかったりするなど、なんらかのいじめに及んでしまいがちです。

これを避ける方法の一つとして、悪口で会話がおおいに盛り上がっているところで、まったく別の方向から「でも、あの人、こんなよいところもあるけど」とか、「考えてみればわたしもそういう悪いところあるよ」などという発言があれば、フッと息が抜けて高まるテンションが盛り下がることもあります。あるいは、会話の流れを無視して自分の話したいことを話し始めてしまえば、場がしらけてしまい、うまくいけばいじめにまで及んでしまうほどの心の先鋭化を防げるかもしれません。

このように流れを変える人のことを岡氏は「スイッチャー」と呼んでいますが、ひょっとしたらこれは発達障害の人間が人とのコミュニケーションで貢献できる一つのプラス面かもしれない、というのがこの著作を読んだときの最初の印象です。

ただし、物事はそう簡単ではありません。

鴻上尚史氏は同様のことを「裸の王様作戦」と呼んで考察していますが、その効果については「うまく使えば有効かもしれない」とあくまで慎重です。[7]

王様の着ている服はバカには見えないんだという圧倒的な「空気」の支配によって、王様は裸と言えない、自分だけが見えないと言えない。そんな時、子供が「王様は裸だ！」と「水を差す」。（中略）その瞬間、「空気」は一気に消え去るのです。
叫んだ子どもはまさに「スイッチャー」となって、どうしようもなく固まった「空気」を打ち破っています。

しかしながら、その状況が問題です。

たとえば、王様の権威が強大で、つくり出されている威圧的な空気が非常に強い場合、そのように叫んだ子どもはひょっとしたらその場でとらえられて処刑されてしまうかもしれません。「裸の王様」の話では、大人ではなく、なんの利害関係もない純粋無垢を代表するような子どもが「裸だ」と叫んでいるからまだ難を免れたという可能性もあるのです。

それはその通りで、もともと集団から疎外されやすい発達障害者が群衆のなかで「空気」を破る発言をしたなら、最悪の場合その発言によって目をつけられ、いっそうの差別や排除の対象となる可能性はなきにしもあらずです。

現実的にはこうした場面において、発達障害者がベストの形で関わるのは難しいかもしれません。ですが、少なくともポジティブにとらえ直すことは可能だと気づくきっかけとなりました。もう一つ付け加えておけば、このような「反転」策は、頭のなかだけで考え

（7）前掲『「空気」と「世間」』（一三四〜一三八頁）

て判断せずに、「自分自身」の経験から導き出すことが大切だということです。

この点に気をつけて「空気が読めない」という特性のプラス面についてあらためて探ってみました。すると、これまでの経験から、ひょっとしたら「人にだまされにくい、振りまわされにくい」という面があるかもしれないと思いあたりました。

学生時代のある出来事を思い出したのですが、知人に「おもしろそうな人がいるから会いに行こう」と誘われて、その分野では有名人だという人の講演会へ行ったことがあります。会場にはすでに十数人の方が着席しています。語られた内容は、ひとことでいえば「自分がいかに苦労していまの地位、金、名誉を築き上げたか」という、巷でありがちな成功物語でした。とはいえ、彼の語った内容はなかなか言葉巧みで説得力があったのは確かです。講演終了後に会場から湧き上がった盛大な拍手がそれを物語っていました。聴衆の反応に満足げな表情を見せた彼は、おもむろに手元に積み上げた自身の著作に目をやり「もしよかったら」とやんわり購入を促してきます。知人やほかの参加者はその場で講演者の本をこぞって買い求めましたが、わたしは著作を手にとってパラパラと目を通したうえで、特に興味もわかなかったので遠慮しておきました。

いま思い返してみると会場には「この場で買わなければ申し訳ない」という雰囲気がしっかり醸し出されていたように思います。その場を立ち去ったあとで知人からは、「なぜ購入しなかったのか。話をしてくれた人に失礼だ」とおおいに叱責されてしまいました。とはいえ、よくよく考えてみれば巧みな商法にも思えます。そのような囲い込まれた圧力をフッと抜け出せたのはわたしの「空気の読みにくさ」のおかげかもしれません。

また、若いころにアジア諸国をバッグパック片手に放浪していたときのことも思い出しました。これは貧乏旅行を経験した方には理解していただけると思いますが、慣れない土地を一人でふらつく旅行者というのはとかく現地の一癖も二癖もある連中から金をむしりとられる標的となるのが常です。

旅の途中に出会った、一年以上貧乏旅行を続ける日本人の青年は、日本人はだまされても「おとなしい」うえに「決して抗議しない」、なおかつ「警戒心がもともと薄い」ので、「かっこうの餌食になる」と憤慨していました。他人との争いごとを避ける、本国の治安がよいために油断しがちという日本人の個性が海外ではネガティブに作用してしまっているのです。確かにそれはわたしも常々感じていることでした。

しかし、わたしの場合、半年ほどあちらこちらをふらふらと旅していてそのような詐欺師連中に狙われたり、商売上手な連中にだまされかけたりしたことは何度もありましたが、運がよかったこともあったのでしょう、ほとんどは事前に気づいて回避することができました。

もう三十年以上前のことですが、ある東南アジアの国を訪れたときの話です。旅行者が安ホテルに到着したとみるや闇の両替商二人がすり寄ってきて、かなり割のよい為替レートでドルを現地通貨に交換しようともちかけてきます。確かに空港での両替はあまりに為替レートが悪くて大きな金額を変えるのは馬鹿げていましたので、一も二もなく話に乗りかけましたが、問題はその交換の方法でした。

ホテルに到着したのは夕刻です。二人組の若い両替商は安ホテルから暗がりの路地にわたしを連れ出し、歩みを止めないまま、わたしの示したドルの額に見合った現地通貨をちらりと見せます。表立ってできることではないので、わたしもそれにしたがって手持ちのドル紙幣をわたそうとしたのですが、ハタと気づいて立ち止まり、相手から現地通貨をやや強引に受けとってじっくりと紙幣を数えてみました。現地通貨は分厚い札束で、おまけに月明かりの下でこまかい金額がよく見えません。両替商は「早くしろ」とこちらをせかしてきます。

すると案の定、金額が足りないのです。

両替商は「バレた」とわかると意外にすんなり不足分の現地通貨を差し出して、わたしからドル紙幣を受けとるとそそくさと立ち去っていきました。

このときわたされた現地紙幣を疑問を持たずにそのまま受けとり、彼らが立ち去ってしまえば、泣こうが喚こうが失ったドル紙幣は戻ってきません。たぶん多くのバッグパッカーはこの手でやられていたのではないかと思います。

実はわたしが旅したアジアの国々では似たような話がずいぶんあります。ある国では、空港内の正式な両替窓口で職員がよくこの手を使っていて、わたしもあわやというところで難を逃れました。というかこの程度の話は序の口で、恐ろしく巧妙に仕組まれた詐欺話や命に関わるようなとんでもない話がゴロゴロとあることは、バックパッカーの経験がある方ならよくご存知ではないでしょうか。わたしのケースでもごまかしがバレた瞬間に、こちらがバッサリとやられてしまう可能性も十分にあったわけです。

もちろん旅行ガイドにも注意書きは記されているので、それをよく読んでおけばだいたいの被害には遭わずに済むとは思います。ただ、旅で出会った人たちと雑談してみると意外とそうではないのです。

ある旅行者は、アジア旅行で旅行ガイドに書かれている詐欺的な行為を含め「ありとあらゆる詐欺に引っかかりまくった」と自嘲気味に、しかも真顔で語っていました。もちろんなかにはこうした失敗談をおおげさに話そうとする輩もいるにはいるでしょうから差し引いて聞く必要はあるかもしれませんが、ちょっとびっくりした記憶があります。

ほとんど被害に遭わなかったというのは発達障害の影響もあるのかもしれない、と考え始めたのは内海健『自閉症スペクトラムの精神病理——星をつぐ人たちのために』（医学書院、二〇一五年、二二三〜二二四頁）を読んでからです。

このあたりについて、内海医師はアスペルガー（ASD）の特性を持つ発達障害者の例をとりあげて次のように表現しています。

十七歳の男性。彼をのぞく家族全員が詐欺商法にひっかかりそうになっており、そのことを指摘しようとしても、誰も理解しようとはしなかった。次第に不穏となり、普段はおとなしい彼が、興奮して、ついには暴れるにいたって、家族は事態が容易でないことに気づき、それをきっかけとして、あやうく難をのがれた。

このケースについて内海医師は「心の直観が欠如していることが、優れた能力に転化することもありうる」としたうえで、「他者の意図に惑わされないがゆえに、きわめて公正な判断を下したり、情実に押し流されることなく、冷静に推論を遂行することができる」と分析しています。

わたしの特性の一つ「共感性の弱さ」は、ひょっとしたらこのような能力に関連しているのかもしれません。アジアをふらついているあいだに、ぼったくりや詐欺などに遭いやすい状況のなかで、比較的物事を冷静に見極めるような対応をしていたことは確かです。ただ、誤解のなきよう書いておきますが、長い人生において他人にだまされたり、うまく利用されたりしたことがないということではありません。「不安」や「衝動性」によって気持ちが揺れ動いているときなどに判断を誤ったことも多々ありました。若い方々のためにいっておけば、少なくともＡＳＤの特性の一つには「沈着冷静な観察眼」という側面もあるということを早い段階で知っておけば、それを人生でうまく生かせる機会はやってくるかもしれないということです。

「特性をプラスに」というのは特性の程度にもよりますが、発達障害グレーゾーンの人なら自覚的に行えば可能だと思います。よくよく自身を観察してみれば、すでにそのような特性を無意識的に活用しているということも考えられます。

わたしの特性の一つである「こだわり」は受験勉強でかなり生かされたと思いますし、その後の仕事においてもひとつのテーマに「集中して」著作や論文をまとめ上げたことも何度かありましたので、この能力においてはそこそこのポテンシャルを持っていたと思っています。

また、ストレートにものを言いすぎるという特性も、ときには役に立ったことがあります。

知人女性が「会社の会議の時間に遅れそう」と時間を気にしていて、一方でデパートで仕立てたジャケットがもう出来上がっているのでそれを受けとりに行きたいと逡巡していました。彼女はそのジャケットを着て会議に出席するつもりだったのです。デパートがちょうど目と鼻の先にありながらも、間に合うかどうか微妙な時間でした。わたしが「ジャケットはいつでも着ていける、会議に遅れないほうが大事だ」と即座に言葉を発したところ、彼女もハッとして、急いで会社へ向かいました。なんのことはありません、この程度のことですが、あとから彼女に「あのときははっきりいってもらって助かった」と感謝されました。

人生を振り返るとこのように他者が混乱している渦中に、効果的な結論をズバッと言ってしまうことが、けっこうあったように思います。これはまさに自らの特性をよい方向に反転させたもう一つの例といえるかもしれません。

しかし、「強みに変える方法」は、そう簡単ではないということも心に留めておいたほうがよさそうです。こだま氏の手記のなかで、次のような悲痛な言葉も見かけました。

自己分析なんて気が遠くなるほどやりました。長所などと他人に誇れるものは特にありません。他人と違うものは摘んで摘んで普通にならんと努力してきたのに、今更もう捨ててきたものは取りに戻れません。(8)

こういう気持ちになってしまうのは痛いほどよくわかります。痛恨の極みではありますが、適切な時期に自身の発達障害を自覚して、そこから少しずつ対応していくことしかわたしには思いつきません。その時期がいつごろかというのはわかりにくいのですが、一ついえるのは「自分の長所を長所と意識する以前に、周囲から潰されてしまう状況になる前」

ということでしょう。

しかし、もし自身の自己肯定感が低くて「リフレーミング」がうまくいかないという方であるなら、次に挙げるもう一つの方法を試してみてください。やることはチェックリストを毎日こなすだけの作業ですので、それほどハードルは高くはないと思われます。

セルフチェック

ベンジャミン・フランクリンの名前はよく知られています。アメリカの政治家であり、科学者であり、発明家であり、アメリカ独立宣言の起草者の一人でもあります。当時、身分の低かった印刷工から身を起こして、最後には富と国際的な名声を勝ちとったアメリカの象徴ともいえる人物です。

それでは「十三徳」については、どうでしょう。

『フランクリン自伝』（松本慎一、西川正身訳、岩波書店、一九五七年）の「十三徳樹立」の章に詳しく書かれていますが、これは彼自身がのちに成功者となるために要となった徳目を、我が身に教え込ませ、実践させるために考え出したいわばセルフチェックの技法とも呼べるものです。いまの世にあふれる自己啓発本の原点の一つといえるかもしれません。

（8）前掲『どうして普通にできないの』（一一八頁）

その方法は極めてシンプルなものです。

フランクリン自身が達成したいと望んでいるテーマ（徳目）を拾い上げて、そのテーマ一つ一つに一定のあいだ注意を集中させて、それが修得できたと思ったなら次に移っていきます。彼がとりあげたテーマは全部で十三あったことから「十三徳」として有名になりました。

具体的には、小さな手帳の一ページに表をつくって縦軸に十三のテーマを書き込み、横軸に曜日を割りふってそれぞれに対して過失を犯した場合に黒点を書き込むようにしたのです。一週間に一つのテーマに注目すると、十三週で全コースを一まわりすることになります。一年で四回繰り返すことになるわけです。

テーマは次の通りです。

1　節制　飽くほど食うなかれ。酔うまで飲むなかれ。
2　沈黙　自他に益なきことを語るなかれ。駄弁を弄するなかれ。
3　規律　物はすべて所を定めて置くべし。仕事はすべて時を定めてなすべし。
4　決断　なすべきことをなさんと決心すべし。決心したることは必ず実行すべし。
5　節約　自他に益なきことに金銭を費やすなかれ。すなわち浪費するなかれ。
6　勤勉　時間を空費するなかれ。つねに何か益あることに従うべし。無用の行いはすべて断つべし。

7　誠実　詐りを用いて人を害するなかれ。心事は無邪気に公正に保つべし。口に出すこともまた然るべし。

8　正義　他人の利益を傷つけ、あるいは与うべきを与えずして人に損害を及ぼすべからず。

9　中庸　極端を避くべし。たとえ不法を受け、憤りに値すと思うとも、激怒を慎むべし。

10　清潔　身体、衣服、住居に不潔を黙認すべからず。

11　平静　小事、日常茶飯事、または避けがたき出来事に平静を失うなかれ。

12　純潔　性交はもっぱら健康ないし子孫のためにのみ行い、これにふけりて頭脳を鈍らせ、身体を弱め、または自他の平安ないし信用を傷つけるがごときことあるべからず。

13　謙譲　イエスおよびソクラテスに見習うべし。

時代が違っても人間というのはたいして変わらないものです。ほとんどのテーマはいまでも十分通用しそうです。そうはいっても、十三番目のテーマで見習うべきとされるイエスとソクラテスについては、いくらなんでも偉大すぎてちょっと気おくれしてしまいますが。

興味深いのは、まるで発達障害者を対象にしたかのような項目までも含まれていることです。たとえば「3　物はすべて所を定めて置くべし」は、忘れ物で苦労するＡＤＨＤ当時者には必須の項目です。

さて、テーマそのものも重要ですが、注目すべきはその手法のほうです。**自分にとって達成できそうな課題を自分で見出して、それを書き出して毎日何度も達成されているかどうかをチェックし、最終的にはそれを「習慣」にしてしまうという方法です。**発達障害者にとっては、こうした視覚に訴える方法が効果的であることはよく知られています[9]。

想像するに、フランクリンを参考に自ら「十三徳」を実践した人は、過去に数限りなく存在したと思われます。気になって少し調べてみたのですが、たとえば世界的なベストセラーになったグレッチェン・ルービンの『人生は「幸せ計画」でうまくいく！』（花塚恵訳、サンマーク出版、二〇一〇年）は、その代表的な例でしょう。著者自身が「幸せになるため」に考えた「十三徳」は、実際には十三どころか「十二戒」プラス「大人の心得」として十五条プラスアルファで、これでもかというくらいに毎月テーマを掲げて貪欲に実践するノンフィクションです。

また、こちらはフィクションですが、スコット・フィッツジェラルドの『グレート・ギャツビー』では、主人公のギャツビーが若かりしころ「十三徳」と似た方法で「時間を無駄にしない」「タバコはやめる」「週に三ドル貯金する」などの徳目を自らに課していたことが結末近くで明かされています[10]。

　フランクリンがこの「十三徳」を思い立ったのはなんと二十五歳のときです。我が身を振り返るとあまりに遅すぎて情けないこと極まりない、と嘆いても仕方がないので、わたしも三十五年遅れでとり組むことにしました。

　とはいえ、洋の東西を問わずこうしたセルフチェックの手法はあふれかえっていますので、別段フランクリンの「十三徳」に限らなくともかまいません。いろいろと試すなかで、これは自分に合っていると思ったものを実践してみることをお勧めします。

　わたしの場合は、たまたま『フランクリン自伝』を手にとった時期に自身の抱えていた悩みである「不用意な発言」の解決につながる「**沈黙**」の項目が目に入ったこと、なおかつ手軽に実践できそうに思えたことがきっかけです。

　この「手軽にできる」というのが重要です。仕事で毎日パソコンに向かうことがほとんどでしたので、まずはエクセルで自分なりにアレンジしたごくごく簡単な表をつくって、

(9)視覚化は、たとえば、ASDの子どもを対象とした「TEACCH(自閉症及び、それに準ずるコミュニケーション課題を抱える子ども向けのケアと教育)プログラム」における「構造化」のための重要な要素の一つです。「構造化」とは、なにかの活動を行う際に、その活動が容易に行えるように環境を整えることを意味します。梅永雄二『よくわかる! 自閉症スペクトラムのための環境づくり——事例から学ぶ「構造化」ガイドブック』(学研プラス、二〇一六年)など参照。
(10)スコット・フィッツジェラルド『グレート・ギャツビー』(村上春樹訳、中央公論新社、二〇〇六年、三一二頁)

とりあえず一週間ほど試してみることにしました。

一日を午前と午後にわけて、日に何回か表を開いて「沈黙」の文字を目で確認し、午前中にそれがうまくいったなら○、できなかったなら×、午後も帰宅前に同じことを繰り返しました。表のつくり方やツールは各自で自分に適した形にすればよいわけで、たとえばスマホを使ったり、フランクリンのように小さな手帳でチェックすることもできます。

さて、実践したのはこれだけです。

こんな簡単なことでいったい効果があるのかと半信半疑でした。なにしろ発達障害の診断を受けたあとの数年間、「不用意な発言」が原因で問題を生じがちだと感じていながらどうにも解決できなかった問題ですので。

まず一日目はちょっとしたやりとりのなかでしゃべりすぎてしまって、午前中は×。午後はなんとか乗り切りました。一週間、意識しながらチェックしていると、あるとき×が減り○が増えているのに気がつきました。そうなるとおもしろくなってきて、表をつけるのが待ち遠しくなるものです。二週間をすぎると、すべてが○になっていることに気づきました。「こんなにうまくいくはずはない」と自分でも疑わしかったのですが、三～四週間が経過しても依然として表には○ばかり。つまりすんなりと「沈黙」がほぼ習慣となってしまったのです。口をついて出てしまう言葉がトラブルの大きなもとになっているということが、痛いほど自覚されていた時期だったということもあるでしょう。

もちろん完璧ではありませんでしたが、以前に比べれば失言や無駄口は減り、事務的な伝達事項のみで一日がすごせるようになりました。

「事務的な会話のみ」というのではあまりに味気ないという方もおられるかもしれませんが、それにはもちろんそれなりの事情があります。

「不用意な発言」を自覚して以来、いったいどのようにこれに対応したらよいのかと考えを巡らせていました。たとえばさまざまな立場の人が招集された会議の場などで、瞬時に空気を読んで適切な発言をすることはわたしにはまず無理ですし、「長幼の序」にしたがって敬意を払うべき人物との話し合いでも、ときとして失言してしまいます。なおかつ意見を求められたりすると、第二章の「危うい瞬間」の項のとおり、つい「言わなくてもいいよけいな一言」を発して顰蹙《ひんしゅく》をかったりしてしまうのです。言葉を発することが事前にわかっていれば慎重になれますが、他人から急遽促されるのですからどうにもなりません。

考えた挙句、最終的にとった方法は先に述べた「しゃべりすぎない」ことでした。強めに意識していたほうが効果がありそうな気がしたので「沈黙」としました。

とにかく「空気が読めない」と「不用意な発言」は、密度の濃い、風通しの悪い職場ではあまりにもリスクが大きすぎるのです。この感覚は何度も嫌な思いをした挙句、後悔と自責の経験を繰り返した者でないと、なかなか共感していただけないかもしれません。「沈黙」せざるを得ないという判断は、言い換えれば「諦める」、つまり「自らを明らかに見てとった」わたしなりの結論なのです。
この判断を後押ししてくれた言葉も記しておきます。

沈黙は自分自身を警戒する人にとって最良の安全策である。

ラ・ロシュフコー(11)

口をきくのを慎んで、無用の言葉をはぶいて口数を少なくすることだ。たくさん口をきくと、必ず気がへり、また気がのぼりするので、ひどく元気を傷つける。口をきくのを慎むのも、また徳を養い、からだを養う道である。

貝原益軒(12)

たいていは沈黙するようにして、必要なことは手短に話すようにせよ。

エピクテトス(13)

また、発達障害関連の著作で見つけた、同じく「沈黙」することについてのアドバイスも書き出しておきます。

「きかれもしないのに意見を言うことは、歓迎されるとは限らない」、「きかれもしないのに意見を言うよりは、黙っているほうがよい」場合がある。(14)

失言しては後悔している……。それぐらいなら、口にチャックをして、黙っているほうがいいでしょう。無愛想だと怒っているように見えるので、ニコニコと。(15)

無口キャラ、敬語キャラも悪くない。相手が同僚なら、「嫌な奴」と思われるよりは「つまらない奴」という評価のほうがまだマシだ。仕事上の付き合いであれば、「なれなれしい」と思われるよりは「よそよそしい」と思われるほうがまだ自然。人付き合いが難しければ、割りきって無口や敬語で通すのもありだ。(16)

(11)ラ・ロシュフコー『ラ・ロシュフコー箴言集』(二宮フサ訳、岩波書店、一九八九年、三二頁)
(12)貝原益軒『養生訓』(松田道雄訳、中央公論社、一九七七年、二七頁)
(13)エピクテトス『人生談義(下)』(國方栄二訳、岩波書店、二〇二一年、三八七頁)
(14)前掲『自閉症スペクトラム障害のある人が才能を生かすための人間関係10のルール』(二三九頁)
(15)太田晴久監修『職場の発達障害――ADHD編』(講談社、二〇一九年、三六頁)
(16)對馬陽一郎著、林寧哲監修『ちょっとしたことでうまくいく発達障害の人が上手に働くための本』(翔泳社、二〇一七年、一六一～一六二頁)

この三つのフレーズは、発達障害者の生きづらさを軽減するためにさまざまな方策を網羅的にとりあげたライフハック本から目についたものを拾い出したものです。それぞれよく考えられていて、うまく実践しさえすれば日常生活で非常に役に立つと思われます。人付き合いのちょっとしたテクニックの宝庫です。

とはいえざっと内容を眺めて、役に立ちそうなことを漫然と行うことはあまりお勧めできません。大事なことは、まずは「自分の特性」と「とりまく環境」、特に「職場」や「上司」「同僚」の特徴や個性をある程度つかんでいることが前提になります。それがなければ選択肢が多すぎて焦点が絞りきれないでしょう。

わたしの場合、ADHD的な忘れ物やケアレスミスなどよりは、対人関係に問題が生じがちでしたので、その特性と保守的な職場環境を鑑みたうえで、こんなときはこんなふうに対応したらよいのかもと想定しながら探るようにしていました。

先ほど拾いあげたフレーズについて付け加えておくと、サラッと読み流してしまいそうですが、「ニコニコと」と「敬語」はけっこう大事な要素です。

わたしのようなASDの要素を持つ「陰気」なタイプは、黙っていると口角が下がって「のっぺり」顔になってしまい、近寄りがたい雰囲気を醸し出したりします。当初はいちいちそんなことまで意識しなければいけないのかと思っていましたが、障害者雇用の職場でどう見ても発達障害ではないかと疑われる社員が寡黙でありながら、「湿っぽく重たい空気を漂わせている」姿を間近に見て、確かに本人が思っていなくても外からはそう見えることもあるようだと自覚しました。これはまあ、ときにはうなずいたり、ニコッとしたりしていればまわりの人たちも安心するのですから、少しは努力してみましょう。

そして徹底して「敬語」を使うこともお勧めします。わたしのような発達障害者は普通にしゃべっていると言葉がダイレクトになりすぎますので、敬語を使ってやわらげましょう。日常的に敬語を使うように心がけていれば、ときに上下関係や空気の読みとりが難しい場面に遭遇しても、無難な切り抜けが可能になります。

また、「十三徳」を実践しながら気づいたこともあります。「沈黙」の文字を見て意識する際に、イメージもあわせて想起するとより効果的だということです。わたしの場合、「がらんとした禅堂で一人座禅を組む僧侶」をイメージしていました。こうすることで心にすんなり定着したように思います。

「沈黙」のメリットは多岐にわたりますが、その一つに「存在を消せる」こともあるかもしれません。会合などで遅れて入ってきた人が空いた席にすっと座って、押し黙ったままでいることで、まるで初めからそこにいたように見えることがあります。日本の集団では、存在を主張するのではなく、その場に「溶け込んでいる」ことがまず優先されます。その場にいるのかいないのかわからないほど印象を薄くしておくのが、わたしたち「発達

「二次障害者」にとっては良策なのです。その場から自分を差し引いて、ほかの人の自由な発言を増やしてあげていると考えればいいのです。もし発言を求められることがわかっているのなら、ライフハック本の教えにしたがってあらかじめ発言内容を文章にしておくことが、たぶん最善策でしょう。

ちなみにこれはうつ病を患う前の自分とは、ほとんど真逆の対処法でもあります。特に海外でさまざまな国籍の人たちが集う会合においては、どんな会合でも発言することは必要不可欠でした。これは発達障害の特性云々とは関係のない話で、国際会議では基本的なルールともいえます。仮に会議のあいだ中ずっと沈黙し続けていたなら、自身の存在すら認めてもらえず、なんのために参加しているのかわからなくなってしまいます。なおかつ、知らぬ間に議事が進んでこちらに不利な形で物事が決められてしまうことすらあり得ますので、発言は必須なのです。

「沈黙」に話を戻せば、大事なことは自分と自分の置かれた環境にはどのような特徴があるのかをわかったうえで「沈黙」するのと、なにもわからずにただ闇雲に「沈黙」するのでは大きな違いがあるということです。諸般の事情がわかったうえで「沈黙」することができるようになれば、それはまさに「折り合う力」の一つを獲得したといえるでしょう。

その他のテーマ

これだけのことでなんとかなるなら、自分なりのテーマを考えてそれをどんどん表に加えていって日々実践していけばいい、と単純なわたしは考えてしまいました。それは当然、わたしの発達障害の特性を十分に理解したうえで、さらに還暦を迎えた自身の今後の問題点を踏まえたうえで、ということになります。

表にテーマを記入してそれを日に何度も見直す作業そのものにはなんの問題もありませんでしたが、簡単ではなかったこともあります。それは問題を客観的にとらえなおして「短いテーマ」に言い換えることです。「沈黙」がうまくいったのは、「なんとかしたい」と試行錯誤しながら最終的に到達した言葉だったからでしょう。ただの思いつきの言葉ではなかなか長続きしません。

よくよく考えたうえで、次に思いついたテーマは「**こだわらない**」です。

だいたいにおいてASDの人は全体をとらえることは苦手で、どうしても細かいところに目が行ってしまいがちです。小さなところや部分的なところにとらわれて、全体を見失っている場合が多いのです。これは専門的にいえば脳の「弱い全体的統合」といわれる説ですが、(17)わたしの人生を振り返ってみてもこの「木を見て森を見ず状態」に陥って支障をき

---

(17)ウタ・フリス『新訂 自閉症の謎を解き明かす』(冨田真紀、清水康夫、鈴木玲子訳、東京書籍、二〇〇九年)

たしたことが多々あります。第二章において「こだわり」の特性の事例としてご紹介した「遊園地」や「理科の授業」「不審な領収書」などは、その顕著な例です。

日常生活でなにかが気にかかって仕方がない、どうしても納得がいかないということがある場合は、一度立ち止まってまずこの「こだわり」を疑ってみたほうがいいかもしれません。よく考えたうえで朧気ながらでも全体像が見えてくるなら、いま心に引っかかっているることが全体像のなかで生じやすい（＝よくある）支障なのか、流れを逸脱した真に糾すべき（＝こだわるべき）問題なのかについてある程度の判断を下すことができるようになります。

発達障害者は自分の「過剰なこだわり」に気づいていないのが常ですので、できることなら他者から「こだわりすぎだ」との指摘があればもっとも効果的ですが、指摘が痛いところを突いていればいるほどそれを否認したくなるのが人間です。そして最悪なのは、その「否認した自分」の誤りを認めたくないがためにさらに頑なになってしまうことです。こうなるとにっちもさっちもいかなくなります。

うまくその「こだわり」に気づいたとしても、よく考えてみればそれは多種多様な要素が複合的に絡まって形成されたものです。それを「適正」に修正するというのはまたまた難しい。第二章で述べたように修正しようとして困った学習をしてしまったり、修正する必要のない部分を修正してしまったりすることも十分にあり得ますので、「認知の歪み」

などを参考に「慎重に行うべき」としかいいようがありません。自分を深く内省して、どうしてこのようなこだわりが築き上げられたのかを丁寧にたどっていくことも、ときには必要になります。

このテーマについて考える際、あまりに深く入り込んでしまうと自家撞着に陥ってしまいますので、あくまで「クセを修正する」程度に方向転換しました。まずは物事に対して「やわらかく受け止める」こと、そしてたとえばあなたの着ているセーターになにかが引っかかったこと（こだわり）を想定して、糸がほつれる前にそれを丁寧にはずしていくようなイメージを思い浮かべるようにしていました。

ただし、「こだわり」というのは相当手ごわいです。ある意味、人生前半を通じて築き上げてきた自我であり信念といえますし、だいたいにおいて三十歳すぎにはすでに固まっているといえるでしょう。なおかつ還暦をすぎたころにはこれがコンクリート並みに硬化している可能性が高いです。修正には相当な時間と努力を必要とすることは覚悟しておいたほうがよいかもしれません。

三つめのテーマは「ネガティブ思考をしない」です。

常日頃からなにかにつけてネガティブ思考になる癖をなんとかしたかったのですが、そういう思考をしてはならないと思えば思うほどかえって反芻してしまうものです。さらに悪いことに、「嫌なこと掘り起こし回路」が起動して過去の不快な経験をどんどんよみがえらせて暗黒のスパイラルが止まらなくなってしまいます。ここまでいくともう、うつ病そのものといってもいいかもしれません。こういう状態に陥らないように、とにかく嫉妬、妬み、懐疑心などネガティブなことが思考にのぼり始めたなら、即座に呼吸法（一八八頁）を始めて、「フッと息で吹き飛ばす」イメージを意識していました。

四つめのテーマは「十三徳」にもある**「平静を保つ」**です。

古代ギリシアの哲学者たちは、人間の到達する理想の状態としての「心の平静な状態」や「乱されない状態」を「アパテイア」（ストア派）や「アタラクシア」（エピクロス派）と称していました。これらは仏教でいう「安心立命」にも通底しているように思えます。

これほどの境地に達するのは無理にしても、そのエッセンスをわずかでも得られれば人生を生きた甲斐があるというものです。とにかくは、なるべくことが起きても心を動かされないことを目指しました。あくまで表面的でしたが、これも呼吸法である程度は制御できるものです。「フッと吹き飛ばす」というよりは、「全身の副交感神経が活性化している」イメージを持って腹の底から深い呼吸を心がけました。

五つめは**「怒りを抑える」**です。

これは本来なら「平静を保つ」に含まれるべきテーマですが、それを切りわけたというのは、「平静」を意識するだけでは抑えきれないことが次第に自覚されてきたからです。「怒り」のコントロールというのは簡単にできることではない、そう気づいてからは、あえて別のテーマとしてとり組むことにしました。

このほかに思いついたテーマはいくつもありますが一つのテーマが身についていないいま次のテーマに移ってもあまり効果的とは思えませんでしたので、やるべきテーマは最小限に絞ることにしました。

結局、わたしのとり組んだテーマは五つだけです。

1 沈黙
2 こだわらない
3 ネガティブ思考をしない
4 平静を保つ
5 怒りを抑える

以上について、結果として得られた効果はさまざまです。

レベルでわけてみると1の「沈黙」については七～八割程度、3と4については六割程度、2の「こだわらない」はちょっと難しくて四割程度でしょうか。5の「怒りを抑える」

については後述します。

期待に反して「沈黙」以外のテーマはやや低調だったというのは、それを実施していた当時の環境がおおいに影響しているように思います。そのころは「痛勤」や人間関係などで疲労がかなり蓄積していて、帰宅して夕食時になると瞼が重くなってくることがしばしばでした。箸でおかずをつまみながらそのまま睡魔から瞑想状態（?）に入ってしまい、子どもから「寝てるの？」と指摘されたこともあります。慢性的な疲れが全身に及んでいたなら、どんな方法をとっても効果は上がりません。

加えてわたしの年齢も影響していたと思われます。若いころならともかく、還暦すぎともなると何事もすんなりとはいきません。いきませんが、しかし、なにもやらずに無駄だと諦めるよりは、ほんの少しでも改善の余地があるならやってみる、駄目ならやめればいい、そのとき考えていたのはそれだけです。

わたしはこうしたことに気づくのに五十年以上もかかってしまいました。あまりに遅すぎたというのか、いや気づいただけマシというのか。とにもかくにも、ここまでたどりついたということでよしとするしかありません。

どうにもならなかった「怒り」

実は五番目のテーマの「怒りを抑える」は、まったくうまくいきませんでした。

朝のうちに言葉を確認して「怒らない」を肝に銘じたとしても、その直後に憤慨したり、ふてくされたり……、感情の起伏の激しいことに自分でも呆れてしまいました。

若いころからそのような傾向はあるにはありましたが、それが自分でも御しがたいほどの問題になっているとはまったく感じていなかったのです。それがどうも「普通以上」のレベルに達しているようだと意識し始めたのは、繰り返しますが障害者雇用で働き始めてからです。

ミスを指摘されたり批判的なことを言われたりすると、無意識のうちに言い返してしまいます。自分が怒っていることに気がつくのはもう怒ってしまったあとなのです。ときには上司に対してもこれをやってしまうので、結果はいうまでもありません。

この世には「怒り」は人として避けるべき害毒の最たるものだ、という箴言にあふれています。怒ることがいかに自らの健康を損ねるか、人間関係や社会関係を壊してしまうのか、最後には自らの人生をも破壊してしまうのか等々、古代からうんざりするほど書き記されています。かの有名な徳川家康の「怒りは敵と思え」という言葉は日本人なら脳裏に刻み込まれているでしょう。

そうしたもっともな箴言の意味するところにしたがえば、「怒りを表す人間こそ、この世でもっとも未熟な者であり、愚かな者である」という当然の結論が導き出されます。

これにはずいぶん苦しめられました、というかいまでも常に苦しめられています。

だからといって無理やり抑え込めば精神的にダメージを負ってしまうことも明白でした。実際のところ退職せざるを得なかったのは、パワハラまがいの嫌がらせをする上司に対する怒りを無理やり抑え込んだことで、脳に回復不能のダメージを負ってしまったからです。そしてそのダメージを癒すためにどれだけの時間が必要になることか……。

『ラ・ロシュフコー箴言集』に「人は色々な種類の怒りを少しも区別しない。ところが怒りには、熱しやすい質からくる軽い、ほとんど罪のないものがある……」という言葉があります。(18)

言い訳にしかならないことは承知していますが、わたしのような特性のある人間の示す怒りのほとんどは箴言集のいう「罪のない」怒りなのです。ほとんどの場合悪意はありません。単に目の前の不満事に反応しているだけの「かんしゃく」のたぐいです。

それならどうするのか。考えた挙句に試みたのが「セルフチェック」の手法ですが、結果は惨敗。

怒りという強烈な感情を抑えるのは簡単ではないというあたり前のことをあらためて悟ったのは、紙幣に肖像も描かれるほどの偉人でさえそれなりの修養が必要だったということを知ってからです。

円満で慈悲深い人柄で知られている新渡戸稲造は、幼いころから「怒り」について悩んでいたそうです。

僕は生来短気で、気に障ると忽ち怒気を発し易かった。如何かして之を矯正したく思ひ、毎夜就寝する前に、今日は如何にして怒ったか、又幾度怒に負けたかと、一日の結果を考査し、之を表にして居たことがある。(19)

しかし、十七、八歳のころからこうした努力を続けたことで、

自分も小い範囲内で、或る点まではこの怒気抑制に成功したと信じて居る。（中略）幼少の頃に比べると、極めて少くなつた心地がする。(20)（原文ママ）

当時の傑出した人物であった新渡戸といえども、ある意味人生をかけて「怒りのコントロール」を心がけていたことがわかります。もちろん彼は敬虔なクリスチャンでもありましたので、宗教的な影響もあったと思われます。余談ですが「怒り」のほかに彼が腐心し

(18) 前掲『ラ・ロシュフコー箴言集』（一五九頁）
(19) 新渡戸稲造著、新渡戸稲造全集編集委員会編『新渡戸稲造全集 第8巻』、「世渡りの道」（教文館、一九八四年、五七〜五八頁）
(20) 同前（五三頁）

たのは「人の欠点を見ぬこと」で、これには「三十余年間」にわたって注意を払い続けてきたそうです。(21)

さて、「怒り」に対して「十三徳」の方法が役に立たなかった以上、多くの方がそうするように「アンガーマネジメント」で怒りをコントロールする術を学んで、役立ちそうな対処法を探ることとしかありません。

たとえばよく勧められているのが、怒りの爆発を短い時間抑える「六秒ルール」です。怒りに気づいたら、まず「六秒待つ」ことで、怒りのもととなる脳内物質が消えて怒りがある程度収まるという理屈です。あるいは「場所を変える」「深呼吸をする」という手もあります。

こうした方法のほとんどはつまり、自分で「怒り」にまず「気づく」ことが前提になっています。本格的な怒りに到達する前に「怒りの兆候をキャッチする」ことが重要なのです。怒る前に、呼吸が浅くなる、思考が飛んでしまう、体が熱くなる、動悸が激しくなる……、それに気づくことで対応が可能になると理解しました。

しかし、試してみましたが、何度やってもだめなのです。

というのは、怒りに気づく前にもうとっくに怒ってしまっているのです。怒りに気づくのは「爆発」あるいは「小爆発」をしたあとなのですから、これでは対応のしようもありません。まれに「怒りの兆候」に気づくこともありましたが、「怒ってはいけない」と思った瞬間にすでに怒っているのです。

困るのは、こうした失敗が続くと「どうしてうまくいかないのか」と今度は自分を責め始めてしまうことです。自分は修行が足りない、人間としてクズだ、と思えば思うほど自らの奥深くに怒りをため込んでしまうことになります。

なんとも始末に負えません。

あれこれと思考を巡らしてみましたが、結局たどりついたのは怒りを「直接」防ぐ方法はうまくいかないという結論でした。運悪く怒りに火がついてしまったなら、それを瞬時にして鎮火できる人というのはやはりそれなりに才能に恵まれた人ではないでしょうか。

それではどうしたらよいのか。

どうしてこんなに「キレやすく」なったかをたどってみますと、障害者雇用で働き始めて以来、必要以上のストレスに晒され続けたのがもっとも大きな要因であるように思いました。もともと疲れやすい体質の人間が、周囲との軋轢に巻き込まれながら、仕事に対して「きちんとやらねば」というこだわりから手を抜くことができず、無意識のうちに極度の疲労を蓄積させていたのです。もちろん、ときとしてあまりに「仕事がない」こともス

(21) 同前(二六三～二六四頁)

トレス要因になっていました。

それならば日常を見直して休息を十分にとり、過剰なストレスを徹底して避けるようにすれば、キレやすさもかなり収まるはずです。つまり「直接的」な怒りへの対処ではなく「間接的」に怒りを誘発しないような体調を維持していく、このことに尽きるように思いました[22]。あまりにあたり前のことすぎてかえって自覚しにくかったのかもしれません。

さて、それに気づいたとして、それならどうやってストレスを軽減するのか、と考え直してみると、結局、この本に記していることをそのままたどって実践することになります。なんのことはない、振り出しに戻ってしまいました。

「怒り」はきっかけ

さて、ここまでどうやって怒りを調整するかについて書いてきましたが、究極的にいえば「怒ってしまったなら仕方がない」と諦めてしまうことも選択肢としてあり得ます。あのキリストでさえ腹を立てて「イエスは神殿の境内に入り、そこで売り買いをしていた人々を皆追い出し、両替人の台や鳩を売る者の腰掛けを倒された」のです（『マタイによる福音書』二十一章十二節）。

怒りは人間として必然的な生理反応です。これを無理やり抑え込んでしまうと、変なところで暴発することになります。職場で怒りを我慢したがゆえに家庭でやつあたりしててまったというのは、誰しもが思いあたる悔やむべき経験の一つではないでしょうか。こうなると被害は配偶者や子どもにまで及びます。我慢はときとして危険です。

何回かトライして「うまくいかない」と思ったなら、それはもう潮時です。「こだわり」すぎてはいけません。怒りに関する本のほとんどに書かれていることですが、まずは起きてしまったことは起きてしまったこととして「あきらめる」ことです。

そしてなにかプラスに活用できないか考えることです。「怒り」はなにかことを起こす「きっかけ」になります。怒りのエネルギーを利用して人一倍の熱意で打ち込み、目の前の壁をのりこえる原動力とした人はいくらでもいます。

大事なことは、「怒り」はあくまで「発端」ととらえて、「怒り」の感情を長く引きずらないこと。そして、「理性」を使って怒りの方向を前向きに修正することです。この感情を引きずったまま方向を修正せずにいると、いつまでも恨みや妬みを抱き続けることになり、暗愚の泥沼に呑み込まれて人格まで歪んでしまうことさえあり得ます。それこそもがき苦しんで自滅していくだけです。簡単ではありませんが、ここさえ気をつけておけば必ずなんらかの成果につながると思います。現にこの本も、障害者雇用での不快な思いとそれに対する怒りがなければ、決して執筆しようなどとは考えなかったでしょうから。

(22) 章末の読書ガイドⅣに挙げた『自衛隊メンタル教官が教える　イライラ・怒りをとる技術』参照。

呼吸法とセルフトラッキング

息を吸って吐く

「リフレーミング」「セルフチェック」に続いて、試行錯誤するなかでとり入れたのが簡単な**「呼吸法」**です。これは発達障害の特性の緩和に直接的に関わるものではありませんが、日々の気分や体調を整えるという意味でやってみる価値は十分にあります。

ちょっと調べてみればわかりますが、この分野に関する情報は膨大かつ深遠です。「座禅」「瞑想」「マインドフルネス[23]」などなど、いったいなにから手をつければよいのか迷ってしまうかもしれません。

わたしはまず一般的な「瞑想」にとり組みました。

まず、ベッドやヨガマットの上などリラックスできる場所に座ります。基本は、背筋を伸ばし、足を組んで座り、静かに腹式呼吸で息を吸い、できるだけ長く息を吐くことだけです。目を閉じても半眼でもかまいません。自分が集中しやすいほうを選んでください。座り始めるとすぐに雑念で心が乱されますが、それを払って呼吸に意識を向けます。わたしは**心の中で一、二、三と数えて、呼吸に意識を集中させる**ようにしていました。いわゆる調身、調息、調心、つまり姿勢、呼吸、心を整えるということです。あまり作法に縛られても窮屈ですので、自分なりに楽にとり組める姿勢で座ることをお勧めします。

実際にとり組んでみて思ったのは、始めるのは簡単だということです。しかし、続けるのが難しい。一か月くらいは熱心に座って、三～四十分、ときには一時間くらいは座れるようになったのです。ところが、次第に「足が痛い」「暑すぎる」「寒すぎる」「時間がない」などと勝手な理由をつけてさぼり始めます。するともういけません。そうしたことが意識に上ったが最後、当分「座ろう」などと思わなくなります。

禅寺にこもって指導を受けるというような特別な環境に身を置けるなら話は別でしょうが、要するにわたしには日課として行うような「座禅」や「瞑想」は向いていなかったということです。最終的に落ち着いたのは、あくまで心を整える「小技」として、ごくごく単純な「呼吸法」を行うことでした。

やることは、先の呼吸をただ単に数分間繰り返すだけです。これなら別に座っていようが、立っていようが、横になっていようが、ときと場所を選ばずにすぐに始められます。

特に効果的だと思ったのは、**ネガティブな気分にとらわれていると気づいた瞬間に呼吸を始める**ことです。人間というのは一度に一つのことしか考えられませんので、「一・二・三」でも「あ・り・が・と・う」でもゆっくり呼吸しながらとなえることだけで、邪念そのも

(23)章末の読書ガイドⅣに挙げた『マインドフルネスストレス低減法』参照。

のがすっと消え去ります。過去や未来やあちこちをぐるぐると巡っている妄想妄念を「いまここに集中」して吹き飛ばして、平静な気分に引き戻すのです。

それまでのわたしは、うつ病によるダメージから人との会話に際して圧迫感を感じて息が上がってしまうという困難を抱えていました。話している内容が上滑りして、次第にしどろもどろになり、終わるころには冷汗とともに疲労困憊してしまうということが度重なっていたのです。こうした局面が事前に予想されるときには、抗不安楽を服用せざるを得ませんでした。

それが「呼吸法」のおかげで、初めて「安定した心の状態」に近づく手がかりがつかめたように思いました。人前で緊張しそうなときにはせいぜい「深呼吸をする」くらいのことしか知りませんでしたので、多少なりとも心の状態を自分で変えられる方法があるということを知ったのは、大きな発見でした。

たとえば目上の人と話さなければならないとき、あるいは就職の面接の直前など上がりやすいときに、気持ちが浮ついているな、呼吸が速いなと思えばゆっくりと呼吸法を試みます。もちろん会話の途中で呼吸法を始めることもできます。常にうまくいくわけではありませんが、これである程度心を平静に保つことができるようになりました。こうしたことに気づくきっかけになったのは、第二章で触れた「指の皮をむしる」という癖が呼吸法で矯正されたことによります。

同じく第二章で触れた「フラッシュバック」についてはどうだったかというと、はっきりいって呼吸法では効果はありませんでした。突如として襲われることが多いので、対応が追いつかないのです。怒りのこぶしを振り上げて、叫び声を上げてしまったあとで、依然として不快感に苛まれるときには呼吸法でなだめることは可能でしたが、その時点ではすでに苦しみのピークはすぎてしまっています。

結論としていえば、わたしなりの呼吸法はあくまで対症療法であって、それ以上のものではないということです。しばらくのあいだ呼吸によって雑念から逃れることは可能ですが、それはあくまで一時的なものだと自覚しておいたほうがよさそうです。

不眠とデジタルデバイス

近年、健康に対する意識の高まりと技術的な進歩から、デジタルデバイスによって自らの体調をデータで知ることができるようになりました(24)。どのようなデバイスを選ぶかにもよりますが、スマホのアプリと連動することでカロリー、血圧、脈拍、血中酸素、歩数のほかに、レム睡眠、ノンレム睡眠などの睡眠の質までも測れるものもあります。どこまで正確に把握されているのかという問題はあるにせよ、いままで自覚できなかった自分自身

(24) 章末の読書ガイドⅣに挙げた『データ管理は私たちを幸福にするか?』参照。

の健康状態などが記録に残るうえ、リアルタイムで観察できるようになったということは非常に大きな進歩です。

もちろんこれは現時点でということで、ドッグイヤーのこの分野では一年後にはより進歩したデバイスが発表されることも十分あり得るということは、念のため記しておきます。

発達障害者の生きづらさに伴う不眠の悩みはよく耳にするところです。人間関係の軋轢が尽きることはありませんので、なにかと考え込んでしまって、どうしても不眠に陥りやすくなります。いわんやわたしの場合はうつ病になって以来かれこれ二十年近く不眠に悩まされていますので、なんとか改善したいと人一倍強く思い続けていました。

ここまでは発達障害の特性そのものと現実世界との折り合いを、あくまで自力でどうやって調整していくのかに焦点をあててきましたが、何事も努力や気合、根性だけではうまくいかないこともあります。ここでは**まとわりつく不眠の悩みを、「デバイス」を使って間接的に緩和できないかと試した**ことを報告します。

わたしの睡眠状態というのは、一時期よりはましになりましたが、いまでも不安定であることには変わりありません。寝つきをよくする睡眠導入剤を飲んで午後十一時くらいに寝床に入り、だいたい午前一〜三時くらいに覚醒します。トイレに行って再び寝床に入って目が覚めるのは朝八時すぎ。この時間が日によってかなり異なります。目覚めたといっても、爽快さとはほど遠く、たいていは重たい気分のまま寝床から這い出すことになります。まだ眠気が残っているようなときはもう一度布団をかぶります。つまり三度寝をするわけです。そしてなにか作業をすると、疲労からどうしても昼寝をせざるを得なくなります。それも一度ではなく日に二～三度することもあります。

さまざまなタイプの機種が発売されるなかで、わたしが注目したのはもちろん睡眠などを測れる「トラッカー」と呼ばれる腕時計タイプのものです。同様の機能を持った商品には「アクチグラフ」や「スマートウォッチ」などもあります。

わたしの選んだ機種では、腕につけたまま寝ると、自動的に就寝時間や起床時間、睡眠時間を計測してくれるうえに、眠っているあいだの睡眠の質の変化を「覚醒」「レム睡眠」「浅い眠りと深い眠り」（ノンレム睡眠）にわけて示してくれます。

睡眠グラフをよく見ると、夜中にトイレに行った時間や昼間にうたた寝をした時間までもしっかり記録されているので、全体としての眠りを把握するのに便利なことこのうえない。

当初は、慢性的な眠気と疲労感から昼寝をせざるを得ない状況であったことから、睡眠が足りていないと考えていました。ところが、一週間の平均睡眠時間は八時間を超えています。西欧にはこんな格言があるそうです。「男は六時間、女は七時間、馬鹿者は八時間の睡眠が必要」。これでは馬鹿者の睡眠時間さえ超えているではありませんか！

気をつけなければいけないのは、ときに寝床に入ったまま眠れずにじっとしてすごした時間や、寝床でずっと本を読んでいた直後に就寝した場合もすべて睡眠時間に換算される場合があることです。こんなときはその時間を差し引いて考えなければなりません。しかしそれらを考慮に入れたとしても十分すぎるほど寝ていますので、これはちょっと意外でした。

ここからはスタンフォード大学医学部精神科教授の西野精治『睡眠障害――現代の国民病を科学の力で克服する』（KADOKAWA、二〇二〇年）を参考に、わたしの睡眠状態についてで気づいたところを述べてみます。

日本人には、十分に寝ているのに目覚めがよくないことから、眠れていないと訴える「主観的睡眠不足感」が多いそうです。自分の睡眠状態を正しく把握できていないことからそう思い込むようですが、どうもわたしもそれにあてはまっていると思われます。

一般的には「加齢により早寝早起きになる」「寝すぎるのもよくない」といわれますが、十時間以上寝ているロングスリーパーとして、物理学者のアインシュタイン、テニスのフェデラー、陸上のボルトらもいるそうです。最近はふてぶてしくなっていますので、わたしは「馬鹿者」ではあるけれども、それを超越した世の有名人並みの長時間睡眠者なのだと逆に開き直って眠るようになりました。

このほかにもデータから種々考察できる点はあるのですが、西野教授は「まだわからないことだらけ。（中略）睡眠の深さも質も、暫定的に判定しているだけで、その本質はまだわかっていない」と述べています。また、一般的には睡眠のよしあしを測定するには「睡眠ポリグラフ検査」を行って、脳波や、眼球運動、心電図、筋電図、呼吸などを測定することになります。しかし、それは一晩だけのことで「それでは正確なデータがとれるとは思えない」そうです。

機器の進歩でそうした精度の問題はいずれ解消されると思いますが、現在の機器でも「大まかな睡眠時間と睡眠・覚醒のタイミングはかなり正しく記録できる」ので、いまのところは深さや質などのデータに一喜一憂することは避けて「昨夜はよく眠れていないようなのでミスを犯さないように」とか、「軽く昼寝をしておこうか」とか、あくまでちょっとした判断のきっかけにする程度にしています。

しばらく装着を続けてみると、起床後にスマホと連動させて昨夜の睡眠データを見ることが意外と楽しみになってくるものです。目覚めるとまずスマホに転送されたデータを見ます。どれくらい眠れたのか、どんな睡眠ステージで眠っていたのかを知ることがルーティンとなったことで、睡眠に対する意識が高まったのは確かです。西野教授の推奨する「最初の九十分をしっかり眠る」こともこれでよく確認できます。

実は睡眠について、ずいぶん前から気になっていたことがあります。三十代後半から始まっていたと思われますが、深夜に必ず目が覚めてしまう中途覚醒の問題です。当時、熱帯の発展途上国で仕事をしていましたので、昼休みに二時間の休息をとります。そのときに軽く昼寝をするのですが、それが習慣になったことが逆に夜の覚醒につながってしまったのではないかと疑っていました。

その後もこの中途覚醒は続き、うつ病になってからも当然のごとく続いていました。クリニックに相談してなんとかして治そうと、一時、相当強い睡眠薬を出してもらったこともありますが、まったく効き目がありません。とうに諦めていたことなのですが、やはりわたしの発達障害の特性「こだわり」から気になって仕方がありませんでした。

ところが、昔の西欧の人たちの睡眠のとりかたを知るにつけ、ちょっと驚くとともに「なんだそうだったのか」と、たいして気にならなくなったのです。

『失われた夜の歴史』によれば、近世の終わりまでの話ですが、西ヨーロッパの人はたいてい毎晩一時間あまり目を覚まし、まとまった時間の睡眠を二回とっていたそうです。最初の眠りは「第一の眠り」、しばらくすごしたあとの眠りは「第二の眠り」と呼ばれていました。(25) 一晩に二回眠ることはまったくあたり前のことだったのです。これはギリシア、ローマ時代にはすでに始まっていたらしく、当時の文献のなかには「第一の眠り」という言葉がすでに見られるそうです。

睡眠パターンが分割型になったというのは、季節によって昼が短く夜が長いという地域的な影響もたぶんあると思います。これが夜中に目を覚ますことなく朝まで眠るというスタイルに変わったのは、人工の光のせいなのかもしれません。当然、電気がついていれば夜更かしにつながります。

というわけで、中途覚醒については古代の睡眠状態がたまたまわたしに発現しているのだと強引に解釈して、「寝すぎ」に加えて二つめの開き直りをすることにしました（体内時計やメラトニンの分泌を考えると無理はありますが）。

そしてそれ以上に、「トラッカー」を使い始めてもっとも大きな改善に結びついたことがあります。それは「断薬」につながったということです。

これは直接的な影響というよりは「トラッカー」と、それをきっかけに読んだ『睡眠障害』や『失われた夜の歴史』などの文献によってもたらされた安心感によるところが大です。うつ病になって以来二十年近く寝つきをよくする睡眠導入剤を飲み続けてきたわけですが、睡眠データの可視化と評価で睡眠に対する漠然とした不安感はなくなり、「これなら薬なしでもいけそうだ」と思い始めたのです。もちろん、すでに職を辞していたので、早めに寝ておかないと翌日睡眠不足で仕事にならないという不安がなくなっていたこともあります。

ある夜から飲まずに横になったところ、意外とすんなりと眠れてしまいました。本来は医師に相談のうえで断薬をすることがベストですが、このときは思いついたらすぐに実行

(25) ロジャー・イーカーチ『失われた夜の歴史』、「第十二章　私たちが失った眠り――リズムと天啓」（樋口幸子、片柳佐智子、三宅真砂子訳、インターシフト、二〇一五年）

してしまう発達障害の特性も手伝って、勢いで「もう飲まない」と即断してしまったのです（自己責任ですので、決して真似しないようお願いします）。

睡眠薬などを大量に長く服用していると依存症になり、そこから脱するのは難しいことは知られています。もともと服用していた量がごくわずかだったことも功を奏したのでしょう。本当に成功したのか半信半疑ではありましたが、いまのところ半年以上ほとんど使用していませんので、うまくいったのではないでしょうか。

「ほとんど」と書いたのは、完全に飲まなくなったというわけではないからです。数週間に一回程度、どうしても眠れないときに服用することもありますので、継続して飲み続けることはなくなったという意味です。「絶対に止める」と思い込むと、それはそれでまた自分を追い込んでしまいます。そういう意味では「断薬」というより「減薬」のほうが正確かもしれません。

発達障害そのものの特性による支障を日々の生活のなかでどのように緩和するのか、というテーマからは逸れましたが、不眠というのは発達障害とは切っても切れない症状であり、精神的な変調を示す最初のシグナルでもあります。脆弱な発達二次障害者の体調を鑑みるに、最新の健康デバイスを利用して常に睡眠を意識しておくことは十分理にかなっているといえるでしょう。

「いきのびる」ための読書ガイドⅣ

第四章　「自分自身」と折り合いをつける

ジョン・カバットジン『マインドフルネスストレス低減法』（春木豊訳、北大路書房、2007 年）

東洋の瞑想にヒントを得た「マインドフルネスストレス低減法」の原典。呼吸法、静座瞑想法、ボディースキャン、ヨーガ瞑想法、歩行瞑想法などの実践をもとに、「いまここ」に集中することで、ストレスや痛みとうまくつき合う方法を解説している。

下園壮太『自衛隊メンタル教官が教える　イライラ・怒りをとる技術』（朝日新聞出版、2022 年）

怒りを直接抑えるのではなく、日頃の過剰なストレスを減らすことの重要性に気づかせてもらった本。理性で怒りを制御できるのは、怒りが弱いときだけ。怒りを排除したり、制圧しようとしたりするのではなく、ケアすることが大切。

堀内進之介『データ管理は私たちを幸福にするか？——自己《セルフ》追跡《トラッキング》の倫理学』（光文社、2022 年）

近年、自身の状態や行動をウェアラブルデバイスなどでトラッキングして健康管理に役立てたりする「セルフトラッキング」の進展が著しい。基本的に個人を対象としているが、他者や社会にも役立つ利他的な実践としてもとらえられる。

第五章

「他者」や「とりまく環境」と折り合いをつける

「他者」との折り合い

この章では、同じ職場で働く精神障害者との付き合い方や、困ったときの相談相手など「他者」との折り合いのつけ方に加え、「職場の同調圧力」や「コロナ禍以降の職場環境の変化」などの「とりまく環境」への対応、さらに日本から視野を広げて「国外において生きづらさは解消できるのか」について思うところを記していきます。また、わたしが顔を出していた当事者会や農園での経験、いわゆる「思秋期」に陥りがちな「中年の危機」の克服に向けた対策にも触れておきます。

適度な距離を保つこと

一般に「波長が合う」「いっしょにいて楽だ」と感じる相手が、自分と同じ「グレーゾーン」の発達障害者だったということはよくあります。認知特性が似ていることや同じ生きにくさを感じていることから、なんとなくあつまってしまうのでしょう。

雇用された会社では、精神障害者の同僚数人が働いていましたが、わたし以外は四十代でみな統合失調症でした。働き始めた当初は、病は異なりますがみなそれなりに苦しんだ末に寛解《かんかい》に至ったので、共通点が多い分、話があうのではないかと思っていました。

初めは、確かに期待した通りでした。社内にほかに話し相手もいなかったからですが、親しい関係を築き、お互いの苦しみを吐露することもままありました。いわゆる「なんでも言える関係」に近かったかもしれません。

ところがそれは最初のうちだけで、しばらくするとどうもギクシャクすることが増えてきました。わたしも同僚もお互いにネガティブ思考を引きずっていましたので、会話がスムースに続きません。そのうちにどうもしっくりいかなくなり、結局、わたしのほうで耐えられなくなって、関係を断たざるを得ませんでした。

わたしたちは、精神的にダメージを受けているためにもともと傷つきやすい者同士であるうえ、傷ついているがゆえにどうしても相手に依存してしまいがちです。親しくなればなるほど相手に期待することが多くなり、挙句は確実にあてが外れることになります。そして失望します。接点を持つことでお互いの傷をさらに悪化させてしまうことさえあるのです。もちろんこうなってしまうのは、第二章で述べた「距離がとれない」という特性も関係しています。あくまで個人的な意見ですが、同じ職場でほかに精神障害者が働いている場合、そうした方々との接点は適度な範囲にとどめておくほうがよいと思われます。

もう一つ気をつけておかなければいけないのは、物事をストレートに言いすぎてしまうというわたしの特性です。自身では意識していないのですが、ときとして発する言葉が尖りすぎて、相手に刺さってしまうこともあり得ます。親しかった障害者とのあいだがギクシャクしてきたところで、今度はその人物をつかまえて「これからは距離をとる」と直接伝えてしまったことはいまでも率直すぎたと反省しています。

そのような言い方ではなく、すり足、後ろ足で、「ムーンウォーク」のごとく静かにゆっくりと遠ざかっていくべきでした。その人物との距離と会う時間を少しずつ広げていき、なるべく関わらないようにする。自然な形で関係が薄まってゆくなら、それがもっともリスクの少ない方法といえるでしょう。

もちろん、発達障害者やほかの精神障害者同士でお互いに生きづらさを話し合ったり、交流することによって症状が改善したという人は何人もいます。むしろ、こうした方々のほうが多いかもしれません。親友になったり、結婚に至ったケースもありますので、それほど神経質になることではないのかもしれませんが、わたしの場合は自身の特性がわかってきた段階で、関係性に支障が生じるような最悪の場合を想定して、考えをあらためました。

わたしのように二次障害にまで至った者は、自分自身のことで精一杯なのです。とても他人のことにまで手がまわりません。自らの精神が安定していて、人の悩み事も十分に引き受けられるレベルにまで回復している場合は別ですが、そうでない場合は**「適度な距離感」を極力意識したほうがよいと思います。**

相談相手は慎重に

障害者との距離感にも関わる話ですが、発達障害やその二次障害のつらさを抱える人たちを含め、より広く精神的に苦しんでいる方々が相談する相手について考えてみます。

苦しみの極にある人間というのは、どうしても誰かに頼りたくなるものです。自分の苦しみを聞いてくれる人なら誰かれかまわず悩みを相談してしまう、というのはありがちなことです。確かに悩みを話してしまえば一時的にはすっきりするかもしれませんが、これは定型発達者においてはそうすることで気持ちを軽くすることができるというくらいに受け止めておくほうがよさそうです。発達二次障害者のみならず不安定な心を抱えた人は、「軽々」にまわりの人に相談することはなるべく避けたほうが賢明だとわたしは考えています。

実際のところ、親身になって話を聴いてくれる人というのは世の中にそうそう存在するものではありません。苦境に陥った人はどうしても判断力が鈍りますので、本来なら決して相談してはならないような人物に相談してしまうこともあり得ます。

往々にしてそういう人はもともと親しくもない間柄ですから、それまでの友好的な関係から「精神障害者とは関わりたくない」といきなり距離をとられたり、こちらの苦しみを格好のゴシップネタとして組織内に噂として広めたりする可能性があります。さらに信じがたいのは、そのネタを自らの出世のために利用しようとする人物さえあらわれることです。自身はすでに精神的に極めて厳しい状況にあるにもかかわらず、相談することでさらにダメージを大きくしてしまうことさえあるのです。

これについては新渡戸稲造も「逆境に泣ける人が相手を選ばず、何人にもその苦痛を打ち明けるは害がある」「相手を選ばずに打ち明けるときは、伝わり伝わっていく間に、ますます真相と遠ざかり、かえって心を痛むる種子をふやすに過ぎぬ」と注意を促していますⁱ。

実際のところ、**もしメンタルになんらかの支障をきたしてしまったなら、相談する人はよほど信頼できる人か、医師や臨床心理士ら専門家の方々に限ったほうが無難**だとわたしは思います。あるいは「悩み相談」などの窓口に電話するのも一つの方法でしょう(2)。

いずれにせよ、自己開示の相手を間違えてしまうととり返しのつかない悲劇となることもあるということを心得ておくことです。これは自身の経験から強く思うことです。

理解者を持つこと

発達障害者の人付き合いに際して、精神障害者に対しては「適度な距離を保つこと」、困ったときの相談相手は「選ぶこと」を個人的な心得としていますが、一方で多少なりとも親交のある同僚を持っておくことはやはり大切なことです。無理のない範囲でつながりを持てる相手であれば、是非とも関係の維持を心がけておいたほうがよいでしょう。

理想としていえばですが、もし身近に自身の長所短所を深く理解して、直接的すぎる発言をやわらげてくれたり、危うい局面で助け舟を出してくれるような人物がいればどれほど助かることか。

第一章に登場したADHDを公言するニトリホールディングスの似鳥昭雄会長は、若いころ家具店を始めましたが、売り上げが低迷して苦しんでいました。そんななかで、八度目のお見合いで出会った女性と結婚して以来、売り上げが大きく伸びたそうです。彼女は大変な接客上手だったのです。「彼女は僕の第一の恩人です」と話しています。(3)

アスペルガーのアズ直子氏は、このようなパートナーを「通訳の人」と呼んでいます。「個性の強い人への適応能力が高い」「愛情深い人」「是非をきちんと示せる判断力がある人」であり、このような人の応援を得るには、「自分でできることで人に貢献しようとする態度」がそのきっかけになると語っています。(4)

ただ、このようなパートナーに出会うということは、意図的にできることではありません。たとえば会社の社長という立場であれば「通訳の人」を秘書として雇うことは比較的

(1)新渡戸稲造『修養』(たちばな出版、二〇〇二年、三三七頁)
(2)章末の読書ガイドVに挙げた『自分の薬をつくる』参照。
(3)朝日新聞、二〇二一年、七月二〇日、朝刊
(4)アズ直子『アスペルガーですが、妻で母で社長です。——私が見つけた〝人とうまくいく〟30のルール』(大和出版、二〇一一年、一三〇〜一三一頁)

容易かもしれませんが、一般の発達障害者でわたしのように疎外されがちな人物にとってはかなり難易度の高い出会いとなります。

さて、仮にそのような人に巡りあったとして、そうなったらなったで、注意すべきは今度は「その人に依存しすぎないこと」とアズ直子氏は忠告しています。先に人との距離感について述べたことに重なりますが、発達障害者はどうしても依存しやすい傾向があります。

やはり自らの精神的安定と「自立」という意識を常に持っていることが最低限必要な条件となります。そのうえで「通訳の人」のサポートが受けられればこれ以上のことはないのですが。

「とりまく環境」との折り合い

同調圧力から距離をとる

日本には目に見えない特有の「調和的世界＝世間」があるのは、すでに述べた通りです。それがときに暗黙のうちに多数意見に従わされるような同調圧力になることもあります。日本では「仲間に入れてもらう」ためにこうした圧力に従わざるを得ないことが普通ですし、したがわないと異端視されることもあります。目立たないことを是とするなら、黙ってしたがうのも一つの選択肢です。

どのような判断を下すのかは人それぞれですが、同調圧力の内容によって自身がどれくらいのストレスに晒されるのか、どれくらいなら我慢できるのかにもよってくるでしょう。小さな慣例のようなものなら、それほど不快な思いをせずに済むものもあるかもしれません。しかし、**それがあまりに自身の精神的負担になるようなら、はっきりと断ることも必要**になります。

残念ながらわたしの「こだわり」は、同調圧力に従順になることを許してくれませんでした。職場の人たちにとってはまったく常識的な慣習がそれほど気にならなくなったのは、障害者雇用で仕事を始めて数年してから、特にセルフチェックを始めてからです。当初はどうしても抵抗を感じてそこから距離を置こうとしていました。

例を挙げれば、いわゆる恒例の会社の「飲み会」があります。

忘年会、新年会、歓迎会、送別会など、ことあるごとに参加の意思を問うメールが届きます。わたしはうつ病を発症して以来酒を断っていましたので、「酒が飲めない」ことを理由に参加しないことにしていました。若いころは「飲む」ことはむしろ大好きなほうでしたが、いまはとんでもありません。日々の仕事で疲れ切っていて、飲み会に顔を出せるような余力はもう残っていないのです。終業後に人と会話するのは、苦痛以外のなにものでもありません。金曜の夜にセットしてもらえば、翌日を回復にあてられるので参加することもまだ可能だったかもしれませんが、どういうわけかたいてい月曜から木曜までのあいだの夜なのです。飲み会のあとは一時間半かけて帰宅して、翌朝は始発で出社です。冗談ではありません。あとで話を聞くと、この部署では全員出席が暗黙の了解となっていて、毎回欠席するのはわたしだけだったそうです。

皆さんもご経験があるように、こういう飲み会拒絶のようなことをやっているとだいたいにおいて社内の裏情報的なものからは疎外されます。また、日本人の人間関係において重要な「仲間に入れてもらう」という暗黙のルールに対しても、距離を置いてしまうことになります。別に出世などまったく無縁の身ですから気にはなりませんでしたが、ただ、疎外される遠因になった可能性はなきにしもあらずです。しかし、まあ、それは自業自得、止むを得ません。

もう一つの例は所属部署での小さな習慣です。

事情を知らなかったのでちょっとびっくりしたのですが、バレンタインデーに出社したところ、わたしの机の上に高級チョコレートの入ったしゃれた紙袋が置かれていました。まわりの机を見ると同じ部署のすべての男性社員の机の上に同じ袋が置かれています。部署の女性社員全員から男性社員全員に対して贈られたものでした。

それならそうとひとことでも言っておいてくれれば、と思うのですが、その部署においてはあまりに当然すぎる慣例だったようです。

そして当然のごとくひと月後、ホワイトデーにはチョコレートを贈られた男性社員全員が、女性社員に対してお返しをします。お菓子の購入にあたっては担当者として毎年男性社員が順繰りに割りあてられていて、誰が担当するかは暗黙のうちに決まっています。

ご存知の通り、日本におけるバレンタインデーは女性から男性に対して親愛の情を込めて行われる「菓子業界主導」で始まったイベントであるわけで、それをなにもわざわざ社内で慣例化する必要はないとわたしとしては思ってしまうのです。過去に社員から疑問の声はなかったのでしょうか。まったく不思議でなりません。

あの人には世話になったので、ちょっとこの機会にお礼の意味も込めて個人的に贈るというのなら、まだ話はわかります。しかし、これではただ単に前例にならってあてがう、というか「事務的に配布」しているだけです。

もちろんこちらとしてはそんな習慣に参加するつもりはありませんので丁重に断りましたが、それですんなりとは済みませんでした。つまり、翌年は担当者が変わるので、仮に今年の担当者にわたしを対象外にしてもらっても、その担当者が忘れてしまって申し送りがなされないこともあるのです。案の定、その翌年も意に反してわたしの机にチョコレートが届いてしまいました。仕方がないので、翌年に担当するであろう女性数人にその旨を伝え、念のためその部署に十年以上働くいわばお局様的存在の女性にも伝え、なおかつ翌年のバレンタインデーの前にチョコレート購入の動きが始まっていないことを確認しながら、あらためてわたしを外してもらうよう念を押さなければなりませんでした。

小さなことではありますが、一つの「慣例」から距離を置くことだけでもずいぶんと手間と時間がかかるものです。

コロナ禍以後の働き方

ここからは職場の環境や働き方について考えてみます。

二〇一九年末から始まった新型コロナウイルス感染症の影響による災難や危機的状況、いわゆる「コロナ禍」によって働き方も変化しています。

テレワークや在宅と出社による勤務の組み合わせ、DX（デジタルトランスフォーメーション）による効率化、さらに職場内でのソーシャルディスタンスの考慮などがそのよい例ですが、それらがわたしにとってストレスの源である「監視や管理」「大部屋の島型オフィス」「通勤ラッシュ」の圧迫感に対して、なんらかのよい変化を起こしてくれることを期待していました。

わたしの経験からいえば、テレワークが導入された当初は、ラッシュ時の通勤がなくなり、煩わしい人間関係に配慮する必要もなくなって爽快な気分を味わったことは確かです。これまでのように服装にいちいち気を配ることもなくなり、自由な時間も増えました。週に一度出社する決まりでしたが、フレックスタイムも同時に導入されたおかげでそれほど混雑していない時間帯に出かけられるようにもなりました。

しかし、物事にはメリットとデメリットがあります。その「いい気分」状態が続いたのは最初の一～二週間で、その後は気分がやや不安定になってしまいました。以前にも増して仕事が減って、やることがなくなってしまったことが最大の原因ですが、にもかかわらず一日中部屋に閉じこもらざるを得ないという状況が、もともとうつになりやすい傾向に拍車をかけてしまったようです。だからといって短時間ならまだしも、長くその場を離れることはできません。それまで苦痛だった出社が、このときばかりはよい気分転換になりました。

定型発達者のあいだでも、眠れない、だるいなど不調を訴える人が増えて「テレワーク症候群」なる言葉さえ生まれたわけですから、精神障害者にとってはなおのことです。

以前はテレワークと週一回度程度の出社の組み合わせは発達障害者にとって「理想的」と考えていましたが、実際にそうなってみるとさほど単純ではないことがわかりました。ただ、わたしはテレワークが始まってそれほど間を置かずに長期休職、短期間の再出社、退職に至ってしまったので、もう少し仕事を続けていればある程度慣れることでこうしたうつ傾向は避けられたのかもしれません。

コロナ禍が一応の収束をみたのが二〇二三年春、その後の二〇二三年十二月に東京都が都内の企業にテレワークの実施率について調査したところ、対象となった四百社以上のうち実施している企業は四六・一パーセントで、ピークだった二〇二一年八月の六五パーセントから大幅に減少していることがわかりました。コロナ禍の最中には各企業がどのようなテレワークが効果的かつ効率的なのかを注意深く探っていたと思われますが、結果として減少傾向だとすると少々残念です。

労働官僚、労働政策研究者の濱口桂一郎氏によれば、企業と個人を対象としたテレワークの調査では、コロナ禍以前よりは高い水準でテレワークが定着しているが、完全テレワークは二割程度にとどまっており、出勤する日と在宅勤務の日を組み合わせた部分的テレワークという形で定着しつつあるとしています。それゆえに、地方に住んで東京の会社にときどき出勤しながらテレワークするという一時注目されたパターンは、普及の可能性は低いとみています(5)。

コロナ禍を通じてあらためてわたしなりに理解したことは、出社することや社員同士で直接会って話し合うことは、まずなくならないであろうということです。

社会人類学者の中根千枝氏は、日本の会社では「社会生活をする個人にとって頼りになる者は、同じ仕事の仲間であり、日々実際に接触している人々」であり、「同じ集団に属していてさえも、物理的に遠隔の場にたつということはマイナスを招くことが多い」と指摘しています(6)。

日本人にとっては仕事をするうえで「直接接触」がなによりも重要なのです。まさに「去る者は日々に疎し」を象徴する人間関係に生きているわけですから、それが失われるということは死活問題となります。

「調和」であるとか「世間」に重きを置いて生きているわたしたち日本人は、直接会うことによってその人のちょっとしたしぐさ、目線、表情、たたずまいなどの「雰囲気」を感じとっています。テレワークでは得られない、言葉では説明できないような人の「無意識のメッセージ」を感じとることで、お互いに安心感を得ているのかもしれません。また、対面によって意識が活性化するということもあるでしょう。

その点を踏まえたうえで発達障害者にとってストレスになりにくい働き方を考えてみますと、わたしの経験した働き方が理想に近い形といえるかもしれません。コワーキングスペースでの作業も含めたテレワークに、週一回、月一回などの出社を組み合わせること、フレックスタイムを導入することなどです。

最適な場所を選んで働くオフィス

テレワーク、フレックスタイムに加えて、第三章で述べた「大部屋の密接な席配置」の

(5)濱口桂一郎「テレワークは広がるのか」、『中央公論』(中央公論新社、二〇二三年六月号、三八～三九頁)
(6)前掲『タテ社会の人間関係』(五九～六〇頁)

発展形の話を付け加えておきます。近年、オフィス形態にも大きな変化がやってきており、二度ほどオフィスの改修ブームが起こっているそうです。[7]

一度目は二〇〇八年のリーマン・ショック後で、コスト削減のために自由に席を選べる「フリーアドレス」をとり入れた企業が増えたそうです。しかし、「上司がどこに座っているのかわからない」「社員が席に資料を置いて占領し、結局固定席化した」「雑談が増えたことで生産性が落ちた」などの理由で、結局失敗してしまいました。

二度目の改修ブームは、二〇一一年の東日本大震災の影響です。災害時においても事業を継続できるように拠点を分散化したり、リモートワークを進めたりしましたが、当時はビデオ会議ツールが十分に発達していなかったなどの技術的な問題もあって、あまり普及しませんでした。

世界的には二〇一〇年代からＡＢＷ（アクティビティ・ベースド・ワーキング）という考え方がトレンドになっています。

「一人で集中的に作業する、同僚と議論する、取引先とウェブ会議をするなど、職場での多様な「活動」に合わせて、社員が最適な場所を選んで働く」オフィス形態とされていて、「働く場所」ではなく「働き方」に合わせることが重要な点です。

すでに導入されたある企業では、少人数で意見交換をするエリア、会議をするエリアなどいくつかのエリアにわかれていて、社員が自分の意思で仕事場所を選んでいます。この会社ではさらなる改革を行っていて、社員へのスマホの貸与、社内無線ＬＡＮの充実のほかに、モバイル電源も導入しているそうです。これによって煩わしい配線に邪魔されずに、電源のないところでもパソコン持参で自由に仕事ができるようになりました。(8)

週一回、あるいは月一回などの散発的な出社が前提とすると、わたしにはやはりパーテーションなどで仕切られた「固定席」で、その席に座れば人に煩わされずに「集中できる」レイアウトがぴったりときます。

あくまで理想をいえばということですが、テレワークやフレックスタイム、ＡＢＷが多くの企業で実現されるなら、定型発達者のみならず発達障害者にとってもより適した環境となりそうです。

隣の芝生は青い？

さて、ここでは日本国内のみで仕事をするという視点を離れて、より広く諸外国で「生活」することを想定してみます。

発達障害特有の生きづらさを軽減するために、日本を飛び出してどこか他国の環境で生活すればもっと楽に暮らせるかもしれないと思う人は多いようです。かつてわたし自身が

(7)島津翔『さよならオフィス』(日経ＢＰ日本経済新聞出版本部、二〇二〇年、八二〜八四頁)
(8)朝日新聞、二〇二二年一〇月三日、朝刊

そうでしたから、気持ちはよくわかります。

海外で生活した経験からすれば、確かにそのような面はあるかもしれません。しかしそれは、移住を希望する発達障害者が、どのような立場で、どのような国を訪れ、どれくらいの期間そこに滞在し続けるのか、現地の言葉や英語が堪能なのか、などの無数の条件がたまたま合致することにおおいによっています。

結論からいってしまえば、単に日本を脱出すれば発達障害者の生きづらさは解消される、と考えるのは安易すぎます(9)。

短期的な滞在であれば、気晴らしという意味でそれは可能だと思います。普段の仕事上のしがらみから逃れて、非日常のなかで自由や解放感を味わえるのは当然として、一過性ですから人との関係に心を砕く必要もありませんし、現地の方々からもお客さんとして丁寧に扱ってもらえるので気分よくすごせます。その地の人々の暮らしを高みから見物するのと同じで、総じていえば国内で旅に出たときに感じる感覚そのものです。

しかし、それは決して長続きするものではありません。

もし滞在が年単位となるなら、確実に現地の人やコミュニティとの接点を持たざるを得なくなります。そこにはもちろん当該国の文化や価値観という「個性」がどっしりと腰を据えていて、たとえ現地語をそこそこ話せたとしても新参者をそれほど簡単には受け入れてくれません。当然、コミュニケーションの苦手な発達障害者にとって、参入障壁は日本にいるときより高くなると考えたほうが理にかなっています。
わたしには次の話がすべてを象徴しているように思えます。

あるアメリカ人の定年に近い教授が、しばらく英国に滞在して、イングランドの田舎が大変気に入り、イギリス人の友人に、定年後ぜひここに家をもって住みたい、と言ったところ、その友人は「それはおやめなさい」と忠告したという。その理由は、「あなたは決してイギリス社会の一員とはなれないからだ」というわけである。[10]

移住する国がたとえば異人種、異民族の交錯する多様性を受容する風土のある国であったなら、話は違うのではないかと思われるかもしれません。

そこでは「空気を読む」「相手に配慮して言動や行動をさし控える」などという調和的配慮は必然的に弱くなり、むしろ自分がなにをどう考えているかを強くアピールすることが求められます。こうした環境は発達障害者にとっては願ってもないと感じられるかもしれませんが、残念ながら負の側面も覚悟しておいたほうがよいでしょう。

まず、日本人として少なくとも成人まで教育を受けてきた方ならおそらく、何事につけ

(9)章末の読書ガイドⅤに挙げた『海外生活ストレス症候群』参照。
(10)中根千枝『適応の条件――日本的連続の思考』(講談社、一九七二年、一二二頁)

ても自己主張をしなければ物事が進まないという状況には慣れていません。教育の場で常に「人に迷惑をかけないように」と教えられてきた人間が、自分にはこのような権利があるので、このような要求は当然だ、などと常にアピールを続けなければならない社会というのは、攻めの心と忍耐力が必要不可欠です。それゆえ、かなり疲れる社会でもあります。

ほかにも、社会の「和」の力が弱くなる分、日本並みの「安心と安全」を期待するのは無理があること、万事契約が優先され、小さなことでもすべて法的に解決する訴訟社会に生きざるを得なくなること――、探し始めるとキリがありません。

どちらにせよ同じホモサピエンスである以上、人間関係のしがらみからはどうあっても逃れられないのです。歴史をたどってみると日本人は元来、外国を理想化するのが大好きな民族のようです。自戒の念を込めていえば、とかく「隣の芝生は青く見える」ものだということをよく自覚して、まずは自分のいる国で自らの足元をしっかり見つめること、そこから始めることのほうが実は近道であるように思います。

実践と変化の受容

第四章と本章で「自分自身」や「他者」「とりまく環境」などと「折り合いをつける」方法などを紹介してきましたが、これらを実践することで、日々の生活において無駄な軋轢をかわしたり、過剰なストレスを避けたり、体調の改善に結びつけることは、比較的可能になると思われます。

もう少し書き加えますが、前向きの変化が感じられただけで十分とするのではなく、そうした自覚がいわば「腑に落ちる」、つまり**「無意識のうちに心のなかに定着して、日々の生活のなかで身体的、本能的に振る舞える」段階までを目標にして、さらに実践を続けていただきたい**とわたしは考えています。

そのためには、なにかの節目で他人とコミュニケーションをとったり、ともに行動したりすること、つまりどれだけ身についているか実践で試すことが必要になります。そうした実践を続けるなかで、ときに痛みを伴うような経験もするかもしれませんが、それを乗り越えないと真の理解にはなかなか至らないと思われます。

そして仮にそこまでたどりついたところで、さらに面倒なことを付け加えますが、「自分自身」も「他者」「とりまく環境」もそのときと場所で変容していくということも理解しておかねばなりません。自身の物事のとらえ方が変化していくのは自明のこととして、まわりを見渡せば、業界によって、会社によって、会社の部署によって考え方に差異が生じますし、上司によっても左右されます。もちろん都市と地方など地域によっても異なります。時代の変化により物事の考え方そのものも変化していきます。

その変化を一歩離れて自らをチェックして、常にバランスをとること、これは簡単なことではありませんが、こうしたことが自然にできるようになれば、周囲の動きの渦中に知らずに巻き込まれてしまうことなしに、あくまで自身の意思で自由に生きるための初めの一歩となるということです。

以上、「ときと場所の変化を受容する」「バランスをとる」など、抽象的なことを書き連ねましたが、それらを一言でいってしまえば、世阿弥のいう「離見の見」[11]そのものかもしれません。ただ、これだけではわかりにくいかもしれませんので、もう少しかみ砕いた例として、たまたま目を通していたシンセサイザー奏者、作曲家の喜多郎の著作に彼なりの体験として具体的に記された文章を見つけましたので、ご紹介します。

> たとえば五人のメンバーがいて、わたしもその中の一人として話していたとする。そうすると、意識の中では五人が話している場面も横から第三者的にみているもう一人の私がいるのである。話に加わっているのも私だし、その様子を客観的に眺めているのも私である。その二人の私が対話する。それは、音楽を始めてからの私にとって最も大切な、根本的な方法となった。
>
> そして、それがあるから、私は具体的に一人にならなくても、いつどこでも一人になれるのである。
>
> また、グループで行動したり、人が集まって何かをしようという時、集団で動くこと

のよさ、問題点とは別に、その集団の中で自分がどういう立場にいるのかということを把握する意味でも、その方法は重要だった。集団の一員として動く以上、徹底的にさめて、第三者的に見ているだけというのでもまずい。そうしていれば楽な面もあるだろうが、やはり熱中できなくては困る。といって、熱中しすぎても、今度は自分の足が地についていないような、雰囲気に流されてしまうだけというような感じになってしまうところがある。そういう時、熱中して足が浮き上がりそうな私とは別に、しっかと足を地につけているもうひとりの私の存在がどんなにありがたかったことか[12]。

困難を乗り越えながら実績を挙げている方の多くは、こうした視点をそなえている方が多いのではないでしょうか。他者の存在すら希薄にしか感じられないわたしには、ただ仰ぎ見るしかない存在ではあります。

一般的には、このような視点を確立して「自分」というものをしっかりとつくり上げていく過程そのものが、「人格の向上」「精神的な成長」につながるとされています。そのように考えてみると三十歳近くで人格の成熟が完全に停止し、馬齢を重ねただけのわたしに

(11)「花鏡」に述べられた能楽論。演者が、自分の演技について常に一歩離れたところから全体を見るような視点を持つことをいう。
(12)喜多郎『喜多郎——マインド・ミュージックの世界』(講談社、一九八一年、七八〜七九頁)

とって、障害者雇用によって経験したさまざまな軋轢は、「ようやく」わずかな変化の兆しを与えてくれた貴重な機会だったといえるのかもしれません。

「ようやく」と書きましたが、それは自分自身、周囲と比べて明らかに精神的に未熟であることを意識していたにもかかわらず、どうあがいても成長できずにいたからです。なぜ停滞したままなのか皆目見当がつかなかったのですが（おまえは苦労が足りないとはよく言われました）、頑なに自己の成長を阻んできたのはやはり変化を嫌ったり、物事に固執したり、客観視できないという特性が影響していたのではないかと思われます。

結果として成長できたということなら寿ぐべきことかもしれませんが、根拠のない自信過剰は避けたほうが賢明です。それ以前の問題として、まずは無駄な軋轢を避ける技法のなにかしらを多少は身につけられたかもしれないと思うほうが、妥当でしょう。

回復期に役立ったこと

当事者会でコミュニケーション対策

人間関係における不快な出来事を少しでも減らしていくために、あれこれと対策を講じてきたことはすでに述べた通りですが、いずれもこれから齢を追うごとに心の柔軟性を失っていくであろう初老の男にどこまで効果をもたらすものなのか、不安に思わなかったといったらウソになるでしょう。

特に障害者雇用の仕事を辞職したあとは積極的に外部と接触を持つような生活は避けていましたので、現実に対人スキルが向上しているのかどうかは確かめようがありません。困るのはあまりこのような「引きこもり」生活を続けてしまうと、人と接する能力そのものが低下してしまうことです。

こんなときには、もちろん外に出ようという意欲が回復してからですが、当事者会などに顔を出して人との接触に慣れるのも一つの方法です。仕事を再開しようと考えている人にとっても、いきなり定型発達者のきっちりした業務にならって仕事を始めてしまうのはリスクが大きすぎますので、リワークプログラムなどとともに選択肢の一つとして考慮しておいてもよいかと思います。

わたしはたまたま近くで開かれていた当事者会に参加してみることにしました。当事者会といっても、「生きづらさを感じている人たち」を対象とした間口の広いものから、「引きこもり」「発達障害」「依存症」を対象とした会、そうした問題を抱える「保護者」を対象とした会などもあって、地域によって多種多様です。

周辺地域すべての情報をあつめたわけではないのですが、自宅から自転車で三十分程度で通える範囲に限っていえば、月に三～四回くらいはどこかで会が開かれています。

そうした会にいくつか参加しましたが、たとえばある会では代表者の方のほか、長く会に関わっている方々を中心に男女十数人が出席していました。自己紹介においてわざわざ年齢まで言う人はいませんのであくまで推測ですが、三〜四十代が中心で、六十代はわたし一人だったと思われます。

会の内容はただ単に雑談をして和んだり、ソーシャルスキルトレーニング的な簡単なワークをしたり、ゲームをして楽しんだりと、そのときや会によってさまざまですが、ある会では一人ひとりに持ち時間が与えられて、「最近思うこと」などのトピックについてまず本人が話し、次に参加者から質問や意見を受けるという形で進めていました。話したくなければ話さなくても別にかまいません。

自分としては以前より少しはましな会話ができるようになっているであろうと期待していたのですが、初回でそのような期待は打ち砕かれてしまいました。あらためて自覚したのは、わたしは物事を批判したり、否定したり、よけいなアドバイスをしたりすることが好きな「ネガティブおせっかい」人間だということでした。それを言わないと気が収まらないのです。

不安や気分障害、職場での軋轢などが話題となると、ついつい「こうした点は気をつけたほうがいい」などとよけいなことを言ってしまうのです。自身の経験からそのつらさがわかるだけに、そうならないためによかれと思ってなんらかの助言をしてしまいがちです。

特に「急に質問されたとき」に単刀直入に発言してしまうという特性は、なんの改善もなくまったくそのままです。このときもしゃべったあとになって「しまった」と思うことが何度かありました。次の回には、突発的なストレート発言を避けるために「よくわかりません」「ちょっと返答は遠慮します」「難しい問題ですね、パスします」などの文言を書いたメモを机の上に用意して、なるべくそれでやりすごすようにしました。これである程度は心穏やかでいられるようになりました。

当事者会の試みは各地にありますが、その活動をどのように活用するかは当然、参加者次第です。わたしの場合は、自身のコミュニケーション能力の現状のレベルを確認して、少しでも改善したいという思いと、引きこもりがちになっていましたので視野を広める意味もありました。

当事者会は、たいていの場合、場慣れした主催者や行政関係者らの立ち合いのもとで行われます。話し合いの前には、「入退室は自由」のほか「自らの素性は明かさなくてもよい」「批判的な発言はしない」「会で話し合われた内容は外部に漏らさない」などいくつかのルールを設定するのも一般的です。どのような人物や団体が主催している会なのか、どのようなルールが設定されているのかなどは、必然的に会の個性にもつながってきます。その会が自分に合うかどうかは、やはり実際に参加してみて判断するしかないと思います。

わたしの場合は特に参加者とのつながりを求める気持ちはありませんでしたが、なかには多くの友人をつくりたいという方も参加していました。こうした場合は、参加者と「距離をとって」よく見極めることから始めることが賢明でしょう。ある参加者は、最初のうちは「ちょっと心残りくらいで切り上げるのがちょうどいい」と話していました。

参加していて思ったのは、わたしのような初老の人間にとっては、若い人の話を直接聞くことができるよい機会にもなっているということでした。一般的にいえば、初老の二次障害者が、気楽に顔を出して、対等の立場で若い人たちの話を聞いたり、話し合ったりできる場というのは、そうあるものではありません。たいていわたしが参加者のなかで最年長でしたので、初めのころは気おくれすることもありましたが、若者と接することができる貴重な機会のなかにいるのだと思い直すと、そのような感覚は払拭されました。確かに若い人の話に合わせるのは少々大変に感じるときもありますが、そう思わずにいまこそ新たな視点を得るチャンスがやってきているのだと思えば、けっこう楽しめるものです。「凝り固まった前頭葉ほぐしの会」と自分で勝手に名前をつけてときどき顔を出すようにしていました。

これはあくまで主観ですが、年寄り同士のあつまりというのは、基本的には「過去」があつまっているようなものです。雑談をしてもどうしても昔の話が中心になって新しいものが出てきません。ひとたび健康の話にでもなると、自分がどれほど不調に悩まされているかという愚痴話のオンパレードになったりします。

しばらくこうした当事者会に顔を出していましたが、あるときからいわゆる「対話カフェ」や「哲学カフェ」にも参加するようになりました。こちらはこちらで、また別種のおもしろさがあります。特に思うのは、若い人との対話とも重なりますが、自分の考え方のバイアスを修正する意味で非常に役に立つということです。わたしにとって「こだわり」は宿痾《しゆくあ》ですので。

人と接することに苦手意識のある発達障害者は、無理のない範囲でこうした機会をうまく利用することをお勧めします。

農園は瞑想と同じ？

ある地域では社会福祉協議会が「農園」を借りて、スタッフが運営を担っているところもあります。そこを訪れるのは主に当事者会や就労支援NPOの参加者たちで、近くの小学校の生徒たちや高齢者もときどき顔を出すそうです。テニスコート五面ほどの広さの農地に、有機農法、無農薬で

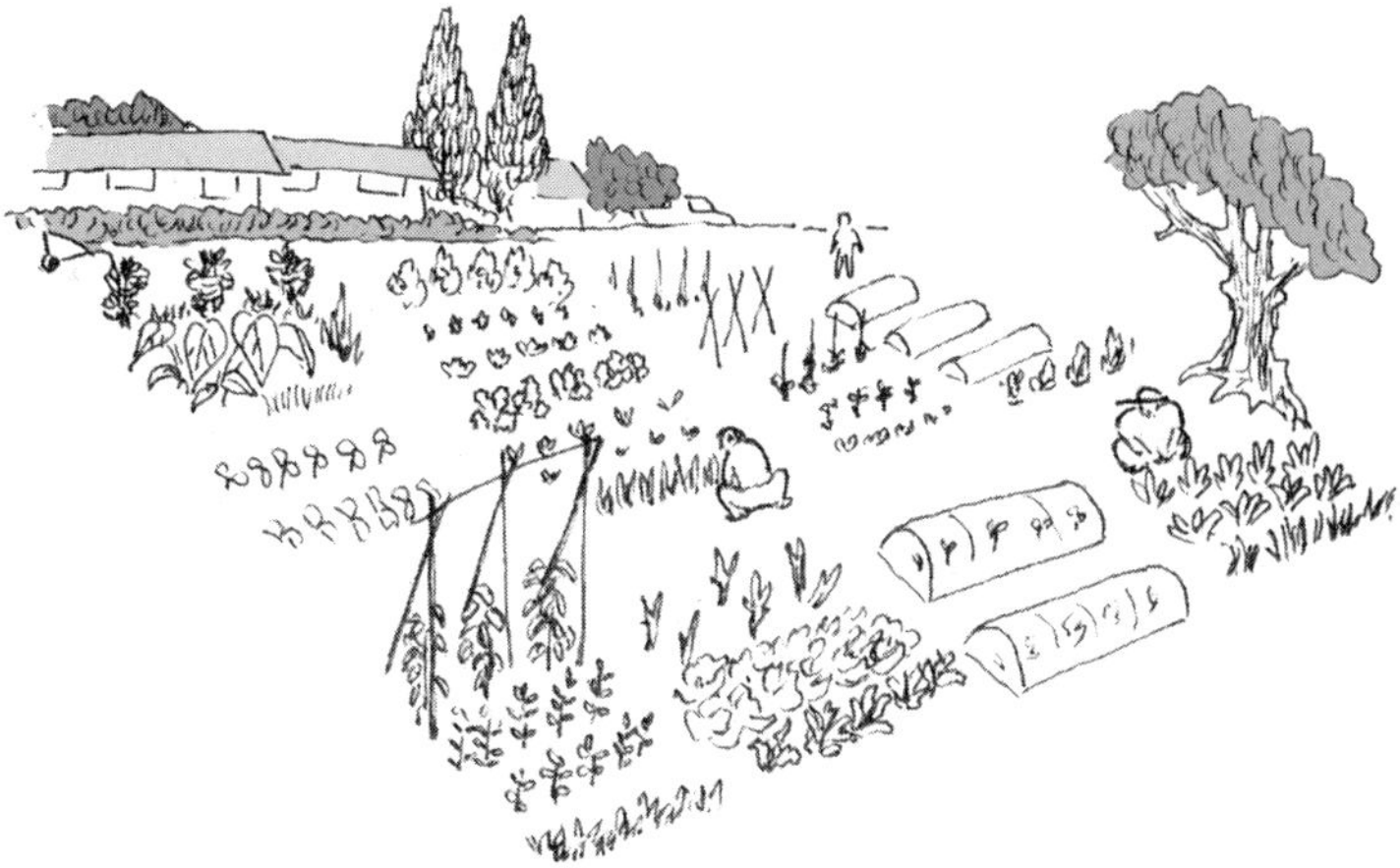

ハーブや野菜など五十種類の作物を育てていて、耕作、植えつけ、水やり、収穫など仕事は多彩です。四季を通じて常になんらかの作物に関わることができるように配慮されています。

この農園の素晴らしいところは、専従スタッフがいますのでいつ行っても簡単な農作業に携われるところと、自分で収穫した作物はすべて持って帰れるところでしょう。農園内でくつろげるスペースもありますので、ちょっとしたキャンプ気分も味わえます。もちろん無料です。

「農」を基本にした活動はそれこそきわめて多様で、どの視点から見るかによって呼び名もさまざまです。園芸療法や園芸福祉、市民農園、オープンガーデン、グリーンツーリズムなどのほかに、障害者雇用の観点からは「農福連携」という形で全国的に広がっています。

もともと農作業や園芸に関わることは、イライラが減ったり、価値観が広がったり、抑うつ感が解消されたりするなど、心や体の健康につながることが知られています。老年に入ったヘルマン・ヘッセも「土と植物を相手にする仕事は、瞑想するのと同じように、魂を解放し、休養させてくれます」とその愉しさを綴っています(13)。

確かにわたしも同感です。生姜や里芋の植えつけ、絹さや、サニーレタス、イチゴなどの収穫や、乾燥したさやから大豆を叩いてとり出したりする作業を手伝ううちに、気持ちがすっきりしていることに気づきました。適度に身体を動かしたことに加えて、日光を浴びたこと、作物に触れたこと、作物の青臭い香りや土の香りも気分改善に役立ったのかもしれません。

以来、「今日はちょっと気分がすぐれないな」と思ったときなどに自然と足が向くようになりました（真夏と真冬はさすがに遠慮しましたが）。偶然ではありますがこのような居場所が自宅近くにあったということは、本当に幸運なことです。

農園は当然屋外ですし、スタッフの指示にしたがって黙々と作業をすればよいだけですので、わたしが障害者雇用で経験したような密室の圧迫感や監視、同調圧力はありません。地獄の通勤ラッシュもありません。農作物が相手ですから、いちいち空気を読む必要もありません。コミュニケーションの苦手な発達障害者には願ってもない環境ではないでしょうか。

抑うつから回復して少しでも外の空気を吸ってみたいという気持ちがわいてきたなら、初めの一歩として地域の当事者会や農作業などに関わってみることも選択肢の一つだと思います。

（13）ヘルマン・ヘッセ『庭仕事の愉しみ』（岡田朝雄訳、草思社、一九九六年、二〇三頁）

思秋期にも参考に

最後に、二次障害者として四十代半ばから二十年を生きてきた人間として、「思秋期」における「中年の危機」について感じたところを述べてみます。

世の中の変化があまりに早くてついていけない、効率主義や能力主義ではもう無理、性ホルモンの変調で精神的にも不安定になっている……。

成人から老人になる「思秋期」において、人生でも大きな転換期を迎える人は多いと思われます。こうした人たちは大なり小なりうつ的な傾向に悩まされ、なにもかもがおもしろくなくなって、無気力になったり、アルコール依存症になったり、最悪の場合、自殺してしまうことさえもあり得ます。まさに「中年の危機」そのものです。

わたしは四十代半ばから六十歳すぎの現在までを慢性的なうつ病のなかですごしてきましたので、このつらさは身に染みてわかります。それゆえ自分なりに考えた対処法を模索しながら身につけてきたのですが、これは「思秋期」に悩む人にも応用がきくかもしれないと思っています。

もしあなたがうつ的になりがちであれば、「リフレーミング」や「呼吸法」を実践したり、ウェアラブルデバイスで「睡眠」に気をつけたりすることで、ある程度の調整は可能になります。ときには「農園」など外に出ることで気分転換も図れるでしょう。もちろん「過剰なストレス」を徹底して避ける、「五戒」を守ることなどは、前提条件として必須であることは第四章の冒頭で述べた通りです。

また、年齢を重ねるとどうしても前頭葉が委縮して、思考の柔軟性が欠けてきます。自分も含めてですが、中高年になると、やはりその場その場での調整ができず、一つのことに固執することからトラブルになりがちです。こうしたことは「セルフチェック」でとりあげた「こだわり」の項目を実践して意識することや、「哲学カフェ」「対話カフェ」などに参加することで、ある程度は防げるかもしれません。

定型発達の方々にとっても「思秋期」という過渡期をどうすごすかは、その後の老年期におおいに影響します。わたしの場合は、うつ病との格闘と自身の発達障害の特性の微調整ばかりで、「思秋期」を意識することはありませんでしたが、ひょっとしたらわたしの試行錯誤、悪戦苦闘ぶりがなにかのヒントになるかもしれません。

もしそうであれば、なによりもうれしいことです。

「いきのびる」ための読書ガイドⅤ
第五章 「他者」や「とりまく環境」と折り合いをつける

カミラ・パン『博士が解いた人付き合いの「トリセツ」』(藤崎百合訳、文響社、2023年)

ＡＳＤ、ＡＤＨＤの当事者である著者が、科学にヒントを得て人付き合いにアプローチする。たんぱく質の性質や熱力学、波動理論、化学結合、深層学習などを参考に、他者を理解しようとするのは新鮮。理系の当事者には必読の書。

坂口恭平『自分の薬をつくる』(晶文社、2020年)

躁うつ病の当事者。自殺者をなくすために個人で悩み相談「いのっちの電話」を続けている。２万件の相談を受けた経験から、自己否定する相談者にアウトプットをする(自分の薬をつくる)ことの大切さを説いている。

鈴木満『海外生活ストレス症候群——アフターコロナ時代の処方箋』(弘文堂、2023年)

国や地方自治体、民間企業などから海外赴任する人たちのメンタルヘルスを考察しているが、日本の学校や職場でうまくいかず、居場所がないために「転地療法」として海外に出るケースにも触れている。奏功する事例は多くないという。

第六章　うつ病と遅発性ジスキネジア

脳に刺激でなんとか回復

うつ病の症状というのは軽症といえども、そうでない人には想像すらできないほどつらいものです。わたしの二十年近い経験をここで書き綴るつもりはありませんが、運が悪ければ出口のない暗闇のなかでもがき続けて、一生絶望の淵から抜け出せなくなる可能性さえあります。

発達障害者はどうしても不安を抱きがちで、それが原因となってうつ病になる場合があります。特に自身が発達障害であることを認識していない場合には「社会生活などにおいてさまざまな失敗を繰り返すことが多く、そのストレスによってうつ状態になりやすい」とされています。[1] ＡＤＨＤの場合はうつ病に加えて、双極性障害を発症しやすいこともわかっています。[2]

あまり歓迎できない研究結果ではありますが、とにかく発達障害を抱えているのなら、精神疾患についてはいくら注意してもしすぎることはないということです。脅かすつもりはないのですが、わたしの経験からいえば、「よく眠れない」程度のことでも「うつ病の前兆かも」と用心しておかないと、とり返しのつかないことになりかねません。

慢性うつ病になってしまったわたしの症状を簡単に書いておきます。

四十代半ばで初めてうつ病を発症してから二十年、再発を繰り返すごとにストレス耐性の基盤となる神経を保護するメカニズムが低下してきたのでしょう。ちょっとしたストレスでも落ち込みやすく、大きなストレスにでも遭遇しようものならモノクロの病的世界に逆戻りして、不安、不眠、食欲不振にあえぐことになります。一時期はひどい貧困妄想に襲われて、電気ガス水道代をはじめ、なにもかもケチケチするような生活を家族に強いてしまい、大変な迷惑をかけてしまいました。

いまの脳の状態は劣化したバッテリーそのものです。長い時間をかけて十分充電しておいたのに、いざ使ってみると半日であっという間に容量が減ってしまう状態とよく似ています。よく眠って疲れをとったはずなのに、なにかに集中していると一時間もしないうちに脳が鉛のように重たくなり、目がチカチカしてきます。無理をして続けていると記憶力が低下してミスが出やすくなり、疲労感から横にならずにはいられなくなります。この本の原稿も休みながら毎日少しずつ書き溜めたものです。

こんな状態でも多少は回復したのです。仕事を辞めた直後はもっとひどい状態でした。障害者雇用の仕事を辞職せざるを得なかったことは前章までにすでに記しました。うつ病でダウンしていた経験は過去にも何度かありましたので、当初はストレスフルな職場か

(1)岩波明『発達障害はなぜ誤診されるのか』(新潮社、二〇二一年、五九頁)
(2)『精神科医が語る　発達障害のすべて』(ニュートン別冊、ニュートンプレス、二〇二二年、一一六頁)

ら離れて自宅で静養していればなんとかなるだろうとやや甘く考えていました。わたしの場合、副作用が強すぎて抗うつ薬に頼りにくいため、とにかく休む以外に方法がなかったのです。ところが、ことはそううまく運ばないものです。

五年間にわたる仕事のダメージが相当効いていたのでしょう。二年をすぎてもなかなか回復せず、ちょっとしたストレスで体調を崩して寝込む日々が続いていました。そして、コロナ禍の二〇二一年に二度目のワクチン接種を受けたところ、あろうことかうつの症状がさらに悪化してしまったのです。これは予想外でした。ワクチン接種が始まって以来、副反応で疲労感や頭痛、吐き気などの症状が出たり、最悪の場合死亡したりという事態が連日報道されていましたので、うつの悪化もその一つだった可能性があります。

このとき経験した覚醒時の絶望感たるや、とてもいいあらわせるものではありません。気持ちはかなり追い詰められていました。

こうなったら悔いの残らないようにできる手段はすべて試してみようと、医師の勧めにしたがって以前から考えていたｒＴＭＳ（repetitive Transcranial Magnetic Stimulation）**「反復経頭蓋磁気刺激治療」**を受けてみることにしました。

ｒＴＭＳとは、磁気コイルを額にあてて磁気刺激を与えることで脳神経細胞を活性化させようという治療法です。電気刺激による治療法そのものは以前からありましたが、ｒＴＭＳによる臨床研究が始まったのは一九九〇年代で、日本では二〇〇〇年代以降に広がり始めた比較的新しい治療法です。一般に薬物療法の効きにくいうつ病に対して効果的であるとされ、ほかに統合失調症や不安障害などに対しても効果が期待されています。ただ、現時点では依然として多くの研究課題が残されていて、発展途上の治療法と理解したほうがよさそうです(3)。

以前からこの治療法そのものを受けることにはためらいはなかったのですが、問題は治療費でした。およそ十年前には、標準の治療を受けるためにそれ相応の経費が必要で、クリニックによっては百万円以上かかるところもありました。仮にその金額で治療したとして、なんの効果もなかった、もしくは効果はあったが再発してしまったような場合に、自身が納得できるのかどうかという点で逡巡していたのです。

二〇一九年からは保険診療が認められたので、これはよいチャンスだと期待はしたのですが、保険適用でｒＴＭＳ治療が受けられる病院は非常に限られているうえ、保険適用の条件がかなり厳しく、自分にはあてはまらない可能性は高いように思えました。保険適用となる患者については、過去に抗うつ薬の薬物治療を受けていること、薬物治療で効果が不十分であったこと、中等度のうつ病であること（重症は不可）、二か月の入院が可能であることなど、細かい条件が設けられています。当時、治療を行っている病院に申し込みは

(3)野田賀大『うつ病に対するＴＭＳ療法Ｕｐ-ｔｏ-ｄａｔｅ――自分らしい生き方を求めて』（中外医学社、二〇二二年）

したのですが、やはり、というか、案の定わたしは条件にあてはまらないと断られてしまいました。

しかし、もう躊躇はしていられません。ほかに手段がないのですから[4]、とにかく自由診療で受けることを決めてインターネットで検索してみました。

すると、二〇二一年の時点で、なんと以前に比べればかなり廉価で治療してくれるクリニックが都内にいくつか存在していたのです。保険診療と比べても大差はありません。これは僥倖！　とばかりに、一も二もなく予約を入れました。

クリニックでは、まずうつ病の程度を測るチェックシートに記入して、自分がどの程度のレベルにいるのかを確認します。次に医師の問診を受けて、特に問題がなければそのまま治療に移ります。初回は、リクライニングチェアに座って、額の左側上部にあるDLPFC（背外側前頭前野）を正確に特定します。そこに磁気コイルをあてて磁気を流しますが、最初に感じたのは爪で額を弾かれているような「トントントン」という刺激でした。この感覚には次第に慣れが生じますので、数回の治療を経て刺激が感じられなくなるようでしたらレベルを上げてもらうことになります。このクリニックでは、一日に一回、二十分間の治療を基本としていましたが、希望すれば一時間程度のあいだをあけてもう一回受けることも可能です。ほかに「シータバースト」といって、特殊な刺激を与えて治療時間を数分間に短縮する新しい治療法もあります。クリニックによりますが、こうした治療を最初

の五日間は継続して行い、その後は適度に休日を入れながら総計三十回程度受けることが推奨されています。(5)

治療が始まったなら、毎日クリニックに通うことになりますが、私の場合、これが一苦労でした。ただでさえ疲れやすいところに、脳に刺激を受けることで、どういうわけかよけいに疲労感を覚えて帰宅時には寝床に倒れ込んでいました。「明日、また行けるだろうか」と不安に感じたことも一度ではありません。

少々無理をして、とりあえずクリニックの指示通りまず一日二回、連続で十回を受け、二日あけて次の段階に進みましたが、疲労は変わりません。それに肝心の効果も一向にあらわれません。

いい加減もうやめてしまおうかと思った十九回目。疲れ切って眠った翌朝、目が覚めると思いもかけず脳がすっきりとしているのです。もう何年も感じられなかった感覚です。脳の奥にどっかりと腰を据えていた鉛のかたまりが溶け出してしまったかのようで、世の中が違って見えたくらいです。

ひょっとして治ったのかも……と、まあ有頂天になってしまったわけですが、この爽快

(4)正確にいえば「電気けいれん療法」(ECT)もありますが、この治療法は一般に重篤なうつ病の方向けです。
(5)一回の治療時間、一日の治療回数、全治療回数などは、クリニックによって異なりますので、詳細はクリニックにご確認ください。

な気分が続いたのは二日間だけで、三日目には残念ながら揺り戻してしまいました。すっきり感が消え失せたことで意気消沈はしたのですが、完全にもとの憂鬱状態に戻ってしまったわけではありません。半分くらいのレベルまで回復した感覚でしょうか。特筆すべきは、悪化する一方だった起床時の絶望感がずいぶん薄れたことです。そのままでは底なし沼にただ沈み続けているだけでしたが、ひょっとしたら「底を打ったかもしれない」という期待が持てるようになりました。

うつ病を患った方なら容易に理解していただけると思いますが、ありとあらゆることに対して前向きに考えることができなくなります。なに一つやる気が起こらず、できたのは食事と風呂、そして犬の散歩程度でしたが（犬の散歩ができたというのは、かなり運がよかったと思われます）、もう一度、前を向くチャンスが与えられたのかもしれません。

結論からいえば、わたしにとってrTMSは回復への重要なきっかけになりました。rTMSを受けるしかないと思い至った時期、治療費が廉価になっていたという幸運、そうした要素が運よく重なったといえます。

「なんとか体調をとり戻せたのかもしれない」と思い始めたのは、rTMSを三十回受けきって一週間ほど経過してからです。依然として全身の疲れやすさや眠気は残っていましたが、心の安定をとり戻したように感じました。もちろんストレスに対する脆弱さはそのままですので油断はできませんでしたが、日常生活をなんとか支障なくすごせるようになりました。

予想外の持病の悪化

ところが、です。

rＴＭＳの治療はよいことばかりではありませんでした。

これまで話がわかりにくくなるのを避けるためにあえて書いてこなかったことですが、わたしは十年前に遅発性ジスキネジアを発症しています。ジスキネジアとは、自分では止められない、または止めてもすぐに出現する「繰り返し唇をすぼめる」「舌を左右に動かす」「口をもぐもぐさせる」「口を突き出す」「歯を食いしばる」などといったおかしな動きをまとめた呼び名です。このような症状は、医薬品の長期間の服用によって起こることもあり、このような場合は一般に「遅発性」ジスキネジアと呼ばれます。わたしは長年、抗不安薬を服用していたことや調子が悪くなるたびに抗うつ薬を服用していたことから、薬物性の遅発性ジスキネジアに罹患してしまったのです。この症状は一度出てしまうとなかなか治らないことで知られています。

最初は、歯を噛みしめるときにちょっとした違和感を覚えるくらいでしたが、その後、症状は少しずつ悪化して、現在ではひっきりなしに歯を食いしばり、前歯をこすり合わせ、唇をすぼめたり、もごもごさせたり、口のなかで舌を動かす状態が続くようになっています。人によって症状はさまざまですが、わたしの場合外見的に明らかに障害があるとわかるほどではなく、口を閉じてしまうと表面上はそれほど目立ちません。特にコロナ渦中はずっとマスクを着用していましたので、まず気づかれることはありませんでした。

こんな状態のままｒＴＭＳを受けたところ、遅発性ジスキネジアの症状が悪化してしまったのです。ｒＴＭＳの治療直後ではなく、しばらくしてから気づいたので、明確に治療の影響であるとはいいにくいのですが、まったくなんの影響もなかったとは断言できないと思います。

食いしばりが強くなったことで、一時は歯茎や頬が腫れ上がってしまい、虫歯の治療後にかぶせていた歯冠の一部も脱落してしまいました。さらには食事時に舌や口の内部を噛んだりすることも頻繁に起こるようになりました。これは飛び上がるほどの痛みでしばらく表情が凍りつきます。

ついで「呑気症」にもなりました。呑気症とは、空気嚥下症ともいい、無意識に大量の空気を呑み込むことによって胃や食道、腸に空気が溜まり、その結果、日常生活に支障をきたすさまざまな症状が生じます。遅発性ジスキネジアのせいでひっきりなしに噛みしめることで、唾液や空気もいっしょに飲み込むことになりますが、これが呑気症のもとになるのです。ちょうど炭酸飲料を飲んだときのような腹部の膨張感とともに、ゲップもひどくなり、ガスも溜まりやすくなります。なんともいえない吐き気にも悩まされます。この吐き気が大きな問題で、これが続くだけで嫌な気分で日々をすごさざるを得なくなります。その後、症状はやや収まりましたが、何事もよいことばかりは続かないと嫌というほど痛感させられました。

一般的に副作用が少ないといわれるｒＴＭＳですが、わたしのようなケースもときとしてあります。わたしのように遅発性ジスキネジアを伴っている方は稀だと思われますが、うつ病以外になにか持病を抱えている方は医師とよく相談して、慎重を期したほうがよいと思われます。

お笑いコンビ「松本ハウス」のハウス加賀谷は統合失調症の当事者ですが、やはり薬の副作用で遅発性ジスキネジアに苦しんだ経験を持っています(6)。

「舌が自分の意思と関係なく、上下左右と小刻みに動いてしまう。電極をつけられ、震えているような動き」に苦しみ、「副作用が強く出ると、僕の舌は食事もできないほど、無意識にレロレロと暴れまわった。口に食べ物を運んでも、全部、舌が跳ね飛ばし、外にこぼしてしまう。汚いし、みっともない。楽しみな食事が、苦しみの時間になるのは辛かった」。

(6) ハウス加賀谷、松本キック『統合失調症がやってきた』(イースト・プレス、二〇一三年、一五六〜一六〇頁)

医師には「完治は約束できない」と言われましたが、減薬することで副作用は少しずつ改善されていったそうです。現在の彼の姿をYouTubeで見る限り、特に滑舌に問題があるように見えませんので（というかむしろ饒舌ですので）、ほぼ回復したように見えます。彼のような例もあるということで、わたしも少し勇気づけられました。

遅発性ジスキネジアについては、対症療法的に効果がありそうだといわれる薬やビタミン剤などで対応していましたが、二〇二二年に初の治療薬が認可されましたのでさっそく処方してもらいました。しかし、残念ながら結果は芳しくなく、副作用から症状がさらに悪化して三日で服用を中止せざるを得ませんでした。最近になって「マインドフルネスストレス低減法」[7]に遅発性ジスキネジアに対する治療効果がありそうだという論文を見つけましたので、それにならって再び「呼吸法」や「マインドフルネス」を日々行うようにしています。

「一病息災」という言葉があります。

わたしの場合は、遅発性ジスキネジアをこの「一病」と考えています。この症状があるがゆえに、日々の生活や振る舞い方、健康にいっそう気を配るようになったことは確かです。期待していた治療薬に効果がなかった以上、少なくとも現時点でこの病気を治す手立てはないのですから、そう考えざるを得ないということもありますが、これ以上、たとえばうつ病を入れて二病にする、発達障害も入れて三病にするようなことはしないようにしていきます。一病は一病としてこれからの人生でじっくりと付き合っていく、残りの二病、三病については、治療したり、「とりまく環境」などとバランスがとれるよう努力する。そのようにエネルギーを注ぐ方向を考えるとすると、やはり一病は一病として増やしてしまわないことが賢明だと思われます。まとめて考えてしまうと、気持ちの負担が大きくなりすぎますし、残りの疾患克服への前向きなエネルギーが削がれてしまうような気もするからです。

一病息災は、はやり「一病」でよいのだと思います。

（7）Maria Angela Santoro et al., *Iimprovement of Tardive Dyskinesia during Mindfulness Meditation*, Neurol Int. 2021 Sep; 13(3): 439–444. <https://www.ncbi.nlm.nih.gov/pmc/articles/PMC8482190/>

「いきのびる」ための読書ガイドⅥ
第六章　うつ病と遅発性ジスキネジア

ジョン J・レイティ、エリック・ヘイガーマン『脳を鍛えるには運動しかない！——最新科学でわかった脳細胞の増やし方』（野中香方子訳、NHK出版、2009年）

運動はストレスやうつ病、不安の解消に役立つだけではなく、学力の向上、ADHDや依存症などにも効果が期待できる。自身の経験からいえば、軽症のうつ病であれば「散歩」だけでも気分の改善は可能。

大野裕『こころが晴れるノート——うつと不安の認知療法自習帳』（創元社、2003年）

本文でも紹介した「認知療法」の練習帳。イラストなどを多用して、セルフワークブックとしてとり組みやすいよう工夫されている。コラム法や週間活動記録表などで、考え方の癖である「スキーマ」の修正を目指す。

亀廣聡、夏川立也著『復職後再発率ゼロの心療内科の先生に「薬に頼らず、うつを治す方法」を聞いてみました』（日本実業出版社、2020年）

わたしのように副作用に弱いために抗うつ薬に頼りにくい者にとっては、グループワークによる認知行動療法やマインドフルネスなどの治療法が参考になる。薬漬け精神医療に警鐘を鳴らす本でもある。

第七章　還暦すぎて「行路難」

いまの思い、これからの生き方

独りで、ということ

これはｒＴＭＳでの治療も終えたごく最近のことですが、発達障害やうつ病と折り合いをつけようと試行錯誤するプロセスのなかで、まったく意図せずに身についた能力があることに気づきました。不思議ではありますが、以前のような人恋しさや寂しさはほとんど消え失せて、独りでいることをなんとも思わない自分を発見したのです。それは「独りでいられる能力」ともいえますし、最大限にポジティブにいえば「独りを楽しめるようになった」、あるいは「精神的な軸を持てた」状態といえるかもしれません。

これはいわゆる「孤独」であることとは違います。「孤独」を感じるか感じないかは、あくまで本人の意識の問題で、どんなにたくさんの人に囲まれていたとしても自分が疎外感を感じて「孤独」だと思えばそれすなわち「孤独」ということになります。わたしには少ないながら知人がいて、二度目の妻と子がいますので、いまの時点では特に疎外感を感じているわけではありません。こういう状態で「独りでいられる」というのは、強いていえば「自ら選んだ孤独」といえます。いわゆる英語でいう「solitude」に近い状態でしょう。

はっきりと区別しておいたほうがよいのは、集団のなかで接点がほとんど失われてしまう「孤立」（loneliness）とはまったく異なるということです。こうなってしまうとちょっと厳しい。わたしもうつ病になってから「孤立」を経験していますが、これはもう原野に裸で立って寒風に震えているような状況です。寂寥感と絶望感の両方に押しつぶされそうな感覚がそのままあてはまります。

「独りでいられる能力」に至ったプロセスをよく考えてみると、うつ病の暗闇のなかで自らを深く掘り下げてきた結果ともいえます。

これまで繰り返し言及してきた「自他を客観的に見る習慣をつけること」そのものが中心的な作業になりますが、それを続けていると、自分はいったいなにを望んでいるのか、なにに惹かれているのか、なにに喜びを感じるのかといった、人としてより本質的な問題に自然と逢着することになります。世の多くの人たちと深いところでつながっている無意識の領域といえるかもしれません。

その過程で中高年になると誰しもが感じることなのかもしれませんが、心のなかの「闇」にも必然的に向き合うことになります。

どうして自分はこんなに運が悪いのか、どうしてこんな恥ずべきことをやってしまったのか、これだけ努力してきたのにどうしてこんなに失敗ばかりしてしまうのか、憎しみ、怒り、嫉妬……。これらは「フラッシュバック」で呼び起こされる過去の苦しみの源泉ともいえます。

こんなことは誰に相談したからといって癒されるものではありません。信頼できる人物がいたとして、その人を前に言葉を尽くして必死で説明すればするほど、自らの虚しさが増していき、自分自身をいっそう傷つけていることに気づくことになります。そして本質的な苦しみはなに一つ解消できないまま、言葉にならない思いや感情が募っていきます。

そんな自分の発見にさらに追い打ちをかけるのが、「共感性の弱さ」という特性です。努力をしたとしても人からなんとなく疎んじられるのは仕方がないとして、過去に友人やパートナーの真摯な悩みの吐露に対して、ずいぶん素っ気ない態度をとってきたことにいまさらながらに気づくことになります。慚愧《ざんき》の念に堪えません。

そこまで思い至ってようやく了解するのです。もう誰ともわかち合うことのできない「自分」がいるのだということを。

しかし、そのままでは自己肯定感を失って単に泥沼のなかでもがいているだけにすぎません。そこから抜け出すために「リフレーミング」を使ってできる限り自分を前向きにとらえようとした結果が、「独りでいられる能力」に結びついたのでしょう。

この能力をうまく敷衍《ふえん》していけば、集団との接点を保ちながらも、他人に依存することの少ない生き方に結びつけられるかもしれません。所詮、人間最後は一人です。最終的に、独りで生きていけるという自信が持てれば理想なのですが。

心の底に澱のように溜まった「闇」に目を凝らし続けていると、誰しもが避けられない自らの「死」についても、ようやく意識することができるようなります。わたしはもう還暦をすぎているのですから、心身ともに健全でいられる期間というのは、そう長いわけではありません。あえて目を凝らさなくとも、自然のなりゆきで自覚するのが一般的なのでしょうが、わたしは一つひとつ理解するのに時間がかかります。「メメント・モリ」(死を思え)という言葉を知ったのは学生時代でしたが、身に染みて理解するまでにはずいぶんと時間がかかりました。これからは残された時間をいかに悔いなく心穏やかにすごしていくかが、大きな課題となります。

だいたいにおいて、わたしはこうしたことにまともに向き合おうとせず、ずっと目をそむけ続けてきた人間です。うつ病という厳しい状況のなかで、人に迷惑をかけ続け、恥を晒し続け、もがき続けてきたにもかかわらず、どういうわけか自ら鎧に身を固めて「孤塁」を徹底的に守り抜いてきてしまったようです。他人によく思われたい、愛されたい、自分をもっと大きな存在に見せかけたい、そんな本能的な虚栄心が心のなかに錨のように居座って守りを強固にしてしまっていたのでしょう。発達障害の特性もそれに一役買っていたようです。

障害者雇用時代の軋轢と、そこを辞してからの「フラッシュバック」の連続、症状改善への試行錯誤、自省するプロセスが、ようやくそうした「孤塁」を打ち砕かざるを得ない状況をつくり出してくれました。

「独りでいられる能力」に関連してもう一つ思うのは、自分をとりまく世界と自分の心とを切りわける所作が身についた、ということです。シンプルにいえば「自分は自分」という考え方がようやく腑に落ちたということでしょう。

二〇〇〇年近く前のローマ時代の哲人は、もっと洗練された言葉でこれを伝えています。奴隷出身のエピクテトスは「要録」で次のように述べています。

物事のうちで、あるものはわれわれの力の及ぶものであり、あるものはわれわれの力の及ばないものである。「判断、衝動、欲望、忌避」など、一言でいえば、われわれの働きによるものはわれわれの力の及ぶものであるが、「肉体、財産、評判、官職」など、一言でいえば、われわれの働きによらないものは、われわれの力の及ばないものである。そして、われわれの力の及ぶものは本性上自由であり、妨げられも邪魔されもしないが、われわれの力の及ばないものは脆弱で隷属的で妨げられるものであり、本来は自分のものではない(1)。

「肉体、財産、評判、官職」は、意のままにならないものです。自分は健康であろうと思っても病気は必ずやってきます。努力して稼いだ財産であっても思わぬことで失う可能性もあります。評判ほど変化の激しいものはありませんし、官職は司る人物の恣意によってなんとでもなってしまいます。それらは本来自分のものではないのです。

これまでのわたしは「われわれの力の及ばないもの」にあまりに左右されすぎていました。このようなわたしたちの力の及ばないもので構成された世界とは、いつなんどき消え去ってしまうかわからない、極めて不確かな世界でもあるのです。そこははっきりと線引きをしておく必要があります。「われわれの力の及ぶもの」は、あくまで他人が介入できない自分の心の内だけであり、わたしたちはそこに精神の自由を見出すことができるのです。

この「力の及ぶ、及ばない」の選別でかなり物事への対応が楽になりましたが、誤解してほしくないのは「力の及ばないもの」に対してなんの働きかけもしないということではないのです。力が及ばずとも生きていくうえで否応なく関わらざるを得ない事象なのですから、そのときどきにおいて精一杯の努力をせざるを得ません。ですが、たいていは、というか九割以上は思い通りにはいかないものです。もともと「力の及ばないもの」なのですから、なるようにしかならないのです。そう考えれば自身の気持ちの整理に役立ちますし、諦めもつきます。そのように受け止められるようになったという意味で、先人の言葉

(1)前掲『人生談義(下)』(三六〇頁)

にはおおいに助けられました。

たどりついた場所

うつ病を発症して以来、寛解に至った時期は何度もありますが、いまようやく何度目かの「心の凪」をとり戻したようです。久々にたどりついた場所は、四十代半ばに見ていた世界とはまったく異なる場所です。これまでに二十年近くがすぎているのですから当然のことですが、以前のように活発なエネルギーを感じられるような色鮮やかな情景はすでになく、一人静かに海辺を眺めながら落ち着いた気分ですごせる場所といえるでしょうか。

そのあいだ、世の中は激しく移り変わり、わたしをとりまく環境も大きく変わりました。いわゆる普通の人々や友人たちが、社会のなかで、組織のなかでそれなりの地位や名声を築いたり、経済的な基盤を形成したりする時期はとうにすぎ去っています。そのような世俗的な成功について、なにも感じないといえば嘘になります。

実は、過去において、もう一度キャリアを立て直せるようなチャンスが転がり込んできたことがありました。その時点ではとても症状が回復しているとはいえない状態でしたが、「もう回復している」と自己暗示をかけてその職に飛び込みました。それほど願ってもないオファーでした。しかし、業務は通常以上に厳しく、案の定一年でうつ病を再発して自壊寸前にまで至りました。

ずいぶんと混乱や失敗、失望を繰り返しましたが、とりあえずいま静かな場所にたどりついたことで、ある意味、人生の危うい過程をかろうじて通過してきたのかもしれないと思えるようになりました。

あらためて感じるのは、定型発達の方々でさえ中年の危機を迎えるこの時期に、慢性うつ病を抱えながら「よく頑張ったなあ」と自らを称賛したい気持ちです。もっといってしまえば、この人生「よくいきのびたなあ」と誇れるくらいです。うつ病に長く苦しんだ経験のある方には、わかっていただけるのではないでしょうか。

その一方で、いまの心境として依然として危うい均衡のうえに成り立っているという意識もあります。何度も繰り返すように、ちょっとした海風や陸風に晒されればたちまち凪を失う恐れは常にあるわけですから、それを十分に自覚したうえでの「独りでいられる」なのです。

見えてきた生き方

さて、時間はかかりましたが、ここまできてようやく還暦すぎの初老の段階からその先に向かう準備が整ったというところでしょうか。発達障害とうつ病のほかに遅発性ジスキネジアも抱え込んでいますので、これまでは少しでも状態を改善しようとただひたすら自分のことばかりに集中して、それ以外のまわりの状況についてはほとんど思考の外でした。

やっと一息。落ち着いてきたところで少しは心にゆとりが出てきたのでしょう、これからどのような生き方をすればよいのか、おぼろげながら見えてきたように思います。

残りの人生で気をつけるべき点は多々ありますが、中高年世代の誰もがまず心に留めておくべきは、**自分はもう人生の下り坂にいるのだと**いう意識です。身体の力を抜いて一歩一歩下っていくことが、なによりも優先されるのです。最近の医療の進歩からいえば、その時間が「予想以上」に長く続くことも十分あり得ます。

しつこいようですが、第四章の冒頭で述べた「過度なストレスは避ける」こと、私的な「五戒」を守り続けることも大前提となります。二次障害に再び陥ってしまっては元も子もありません。わたしの場合は、遅発性ジスキネジアも年々少しずつ悪化していますのでそれも考慮に入れておかなければなりません。

さらにいえば、**わずらわしいからといって人とのつながりをすべて断ってしまってはいけないということです**。あくまで「最小限」の関係は保つべきです。いうまでもなくあなたの日々の生活そのものは、直接的に、または間接的になんらかの形で人との関係性のうえに成り立っています。他人との関係を断って心を閉ざしてしまうなら、人格はたちまち委縮して、凝り固まった人生を生きることになってしまいます。

また、人生百年時代を迎えているなかで、心身ともに健康でいられる期間というのはそう長くはありません。

「健康寿命」とは、病気などにかかることなく、介護の必要なしに健康で自立した生活を送ることができる寿命のことですが、男女とも八十歳を超える平均寿命とはかなり差があって、男性が七十二・六八歳、女性が七十五・三八歳（二〇一九年、厚生労働省調べ）となっています。もちろん個人差はありますが、還暦すぎの自分の年齢を考えれば、少なくとも思うように振る舞えるのはあと十年程度ということになります。これを知ったときには、ちょっと愕然としました。

否応なしに人の世話にならざるを得ない時期は、確実にやってくるのです。老い、衰えて、弱者として生きながらえることを考えると、「細い糸」でもよいのでゆるやかな他者との関係を保つことは、どんなに苦手でも必要なことなのです。

好きなこと・得意なこと・やりたいこと

「好きを仕事に」

発達障害の当事者に向けた言葉としてよく聞く言葉です。

自分の特性と環境がうまく合っていればという条件つきですが、確かに「好きなこと」を仕事にできていればたいていのことは気になりません。発達障害の特性からすれば、たぶんもっとも適した生き方なのだと思います。

そうはいっても、「好きなこと」はそれほど簡単に見つかるものではありません。実際にやってみなければ自分の特性は明らかになりにくいですし、特性が見えて初めて自分に合った仕事もわかるようになります。そうした人生経験はやはり必要です。

逆説的ですが、それならまず合わないことから見つけていくという方法もあるかもしれません。これは苦手、あれはだめと考えていくと、比較的このあたりならなんとかなりそうだという輪郭が見えてきたりします。

見つけ方はさまざまですが、とどのつまり、定型発達者にとっても自分に合った働き方でなければ長くは続かないのですから、発達障害者おいてはその傾向はいっそう強まると考えて間違いはありません。

ここからは、自分に合った仕事の見つけ方や、仕事に対する向き合い方について、若い方向けに思うことを書いてみます。

一般にいわれるようにグレーゾーンの発達障害者にとって支障が生じるのは、社会に出てからのことが多いと思われます。自らの才能に頼っていきなりフリーランスで仕事をするというのは現実的ではありませんので、一応組織に所属するという前提で話を進めます。

組織によりますが、自由な気風があり、自分の特性にも合っていると感じるような組織に属しているのなら、それはかなり幸運なことですから、自分のよいところを精一杯伸ばすよう努力してください。もし仮に目の前の仕事が多少退屈だとしても、それを「好きなこと」にするという努力の方向もあってよいと思います。それによって展望が開ける方も少なからずいるはずです。というか、最初から望むような環境に置かれるほうが稀ですから、こういう経験をする方のほうが圧倒的に多いかもしれません。

テレワークの浸透も発達障害者にとっては追い風になっていると思いますし、発達障害者はITやメタバースと相性がよいそうですから、(2)その方面から新たな道が開かれるかもしれません。

もちろん「好きなこと」にだけこだわらず、よくいわれる「得意なこと」に焦点を絞ってもよいでしょう。たとえばなにか自らの得意な業務に関わる公的な資格に挑戦してそれを取得したなら、少なくとも社内での評価は高まるでしょうし、転職の際に有利になることは明らかです。焦らずチャンスをうかがっていれば、なにかをつかむことができると思います。

しかし、残念ながら以前のわたしのように窮屈で陰湿な体質を温存しているような組織にいた場合は、よくよく見極めたうえでそこに依存しきらないよう肝に銘じておくことです。それはつまり仕事をすると同時に、人や仕事との付き合いは最小限にとどめて、余った時間で「好きなこと+得意なこと=やりたいこと」を探り続けてほしいということです。会社では徹底して身をひそめて「けなげな障害者」を演じましょう。できる限りストレス

---

(2)池上英子『ハイパーワールド——共感しあう自閉症アバターたち』(NTT出版、二〇一七年)

を抑えた日常を送り、そのかわり残りのエネルギーはすべて自分の「やりたいこと」に注ぎ込んでください。

ＡＳＤ傾向のある方なら、他人のことを気にせずに好きなことに没頭して生きていくことができるかもしれません。周囲からは「自立せよ」「仕事をせよ」と急き立てられるので、こうした判断を貫き通すのは難しいかもしれませんが、なにがなんでも仕事をするということ以外にも生き方はある、と考えたほうがいい。公的な支援を得ながら一人静かに暮らすことで、自らをボロボロにしてしまったり、他人を傷つけたりするリスクを大幅に減らすことができます。定型発達者・発達障害者という枠組みを問わず、ＹｏｕＴｕｂｅｒのなかには、「これは素晴らしい」と感嘆の声を上げてしまうくらい趣味の世界で見事な成果を上げている人を見ることがあります。別に無理に人と接点を持たなくても、一人で楽しんでいける特性を持っているのですから、これはこれで貴重な財産です。経済的に生活が成り立つことが前提にはなるでしょうが、こうした生き方も一つだと思います。

しかし、どのような職に就いているにせよ、もうこれ以上は「だめ」と判断したのなら、自壊してしまう前に「脱出」を考慮しましょう。二次障害の兆候が出てきそうなら、グズグズせずにほかの仕事に移ることです。躊躇しているとロクなことはありません。当然ですが、働けなくなればクビと覚悟しておいて間違いはありません。

世の中には仕事を続けられなくなるほどのダメージを心身に負ったことによって、人生の大きなターニングポイントを迎えた方々は無数に存在すると思われます。発達障害者はそのターニングポイントを迎えやすいのですから、その前に徹底して準備をして、なにが起きても「想定の範囲内」にとどめてほしいと強く思います。

さて、還暦をすぎてようやく息を吹き返しかけているわたしの話に移ります。

精神的健康を維持しながら、残りの人生をつつがなく「いきのびる」ことを考えるなら、やはり「やりたいこと」を見つけるに越したことはありません。時間を忘れて没頭できるようなことがあれば、それはチャンスをつかんでいると考えたほうがいい。それが収入に結びつくなら理想的ですが、趣味や手習いのレベルであっても、それはそれで精神的な自由を得ることは可能です。そのような世界が一つでもあればかなり気持ちが楽になるはずです。

そしてそれはわたし自身も理想論としてよくわかっているのです。わかっているのですが、生涯をかけてとり組もうとしたジャーナリズムで行き詰まり、心機一転して挑んだ国際協力の仕事からも撤退せざるを得ず、二十年近くも泥沼に足をとられてもがき続けてきた状態から「やりたいこと」を新たに見つけ、さらにそれを「続ける」ことはそう簡単ではないということもよくわかってしまっているのです。

「なにか一つくらいあるだろう」と思われるかもしれませんが、これがなかなか見つからない。世の中に情報があふれかえっていて選択肢が多すぎることも原因の一つですが、それらのほとんどがカルチャーセンターの講座のように産業として成り立っていて、「どうぞこのプログラムにお乗りください、お金さえ出せば楽しい余生がすごせますよ」といわれているようで、この歳になるとどうも素直になれないのです。

子どものころに夢中になっていたことにヒントが見つかるかもしれないという知人の勧めもあって、小学校時代に熱中していた模型づくりを始めたり、思春期にのめり込んでいたギターを買い込んできて、当時どうしてもできなかったジャズの即興演奏にとり組んだりと、試してはみたのですが、結局、いずれも長続きしませんでした。地域のサークル活動などを覗いたりもしましたが、もともと「グループ」でなにかをするという気がないものですから、気持ちが動きません。

長く沈んでいた期間に「やりたいこと」を探す意欲も含めて前向きの意欲など消え失せていたのですが、振り返ってみると、たった一つだけ自ら進んで続けていたことがありました。

特に変わったことではありません。ただ「本」を読むということです。

うつ病に沈んでいたときも、どういうわけか知的好奇心だけは衰えなかったので、本当に脈略なく次から次へと本を読み続けました（重篤な場合はとても活字など読めるものではありませんので、その時期はのぞいてということになります）。人間の知的好奇心というのは本能的なものだとつくづく思います。近くに図書館があったことも幸いしたのですが、古典、小説、自己啓発書、理系の本、絵本、児童文学に写真集、絵画集も含めて、ただただ乱読の日々でした。

話はやや逸れますが、「読書療法」という心の健康法があります。

小説などを読むことによって情感を豊かにしたり、認知症を予防したり、うつ病治療に役立てたりする治療法で、イギリスやアメリカ、オーストラリアなどで行われています。イスラエルではアートセラピーの一つとして「読書療法家」が国家資格にもなっているそうです。日本でも少年院でほかの手法などと組み合わされて矯正教育において一定の役割を担っています(3)。

わたしの乱読がこの「読書療法」にあてはまるのかどうかはよくわかりません。一般的な手法からいえば、手あたり次第読むというのではなく、ある程度効果の期待される著作を読むのがよいとされているようです。確かに悲惨な結末を迎える小説をうつ病者が読んで治療効果があるかというと、ちょっと疑問です。そしてなによりも、夢中になって読みすぎてしまうと、翌朝、ひどい頭痛と脳疲労に襲われてその日一日なにもできなかったということも多かったからです。

(3) 寺田真理子『心と体がラクになる読書セラピー』(ディスカヴァー・トゥエンティワン、二〇二一年)、五十嵐良雄著、日本読書療法学会監修『読む薬』(アチーブメント出版、二〇一九年)

しかしながら、総じていえば乱読は決してマイナスにはならなかったことは明言できます。乱読によって常に活字に興味を持ち続け、ときに発達障害者の生き方をあと押ししてくれるような言葉を得ていたからこそ、この本の執筆にとり組むことができたともいえます。その意味で「乱読」は即効薬とはいえませんが、心にゆっくりと栄養を与えてくれる滋養食のようなもの、といえるかもしれません。

さて、「やりたいこと」の話に戻します。

あるときのことです。ふと過去に読んだ本の内容について思い出そうとしたところ、なに一つ思い出せないのです。うつ病の影響もあったのか、ものの見事に真っ白。ときには本を読み始めて中盤まできて「あっ、これは昔読んだことがある」と思い出す始末です。

記憶力の衰えを嘆いても仕方がありません。ちょうどそのころ、自らの症状やその日の気分などを書き留めていたので、ついでに読み終えた本の要点も合わせて抜き書きするようになりました。いつごろからかははっきりしないのですが、十年以上は続けているのではないでしょうか。

つまり、このことからわかったのは、わたしは本を読んで、情報をあつめ、書き留めて、まとめることが好きなのだということです。別にこんなことは胸を張っていえることでなく、誰もが行っているごくごく普通の習慣にすぎません。インターネット上に公開されているブログやSNSなどの私的文章の膨大さを考えれば、明白すぎるほど明白なことです。

読書量もいわゆる読書家といわれる人たちと比べれば微々たるものです。

とはいえ、とりあえずそれほど苦もなく無意識的に行っていたのは、これだけしかないのですから仕方がありません。本来は無限にあるはずの自己表現の手段のなかで、なんとか一つは拾い上げることができたということです。

実は、わたしは昔、共著も含め本を数冊出したことがあります。雑誌に記事を寄稿したこともあります。主に海外で得た見分を記したものですが、そのような経験を持ちながらそれを「やりたいこと」に挙げなかったのは、やはり嫌な記憶を思い出してしまうからというのが第一の理由でしょう。

もう十五年以上も昔のことになりますが、うつ病でひどく苦しんでいたころに七転八倒しながら書いた論文のことを思い出してしまうのです。なにかを真剣に書き始めると、そのときを思い出して「フラッシュバック」に押しつぶされそうになります。当時は、数行書くごとにベッドに倒れ込み、苦しみが治まったところで、また机に向かうという無茶な書き方を続けていました。そこまでやることはなかったのですが、その執筆こそが失われかけていた自身のキャリアの最後に残された砦のような思いでいたので、必死ですがりついていたのです。しかし、結局のところそれが仇となって「フラッシュバック」の苦しみを背負い込んでしまいました。

しかし、皮肉なもので、結局は昔の自分に立ち返ったことになります。

「フラッシュバック」については、第二章で「ときがすぎゆくのをひたすら待って、ミリ単位でもよいので少しずつ記憶が薄れるのを待つばかり」と書きましたが、毎日のようにパソコンに向かって数行ずつ書き進めたことによって、「書くことに対する嫌悪感」が多少なりとも弱まってきたことは事実です。この本の執筆中も、過去を何度も思い出して「フラッシュバック」に苦しみましたが、こういう「荒療治」が効果を上げたのか最近では比較的冷静に文章を書けるようになりました。

なにはともあれ、あえて巷にあふれている「やりたいこと」のなかから必死になって探し出さずとも、体調が戻ってくれば、否応なく身体が覚えている立ち振る舞いが復活してくるということなのかもしれません。あまりにも凡庸なことなので拍子抜けしましたが、これはもうこれでよいと開き直っています。

あとから考えてみれば、あくまで自身の病状や読書内容を備忘メモ的に書き始めたことがこの本執筆の準備段階になっていました。自分自身のうちにあるカオスを少しずつ整理しながら、ときに苦しみながらとり組んで本当によかったと思います。形にしておかないと、なかなか次には進めないものです。

あらためて申し上げますが、うつ病による空白期間の長い自分にとって、この歳で森羅万象のなかからまったく新規に「やりたいこと」を見つけるというのはそう簡単なことではありません。定年後に「やりたいこと」を見つけて楽しんでいる人を見るにつけ、本当に幸運な方々だとつくづく思います。

結局、思ったのは、頭のなかであれこれと思考を巡らす前に、小さな、身近な、なにげない日常の自分の姿に目を凝らしてみること。そのあたりに「やりたいこと」発見のヒントがあるかもしれないということです。

矩を踰えず

さて、ここまで生存戦略として「山を下ること」や「健康寿命」について触れてきましたが、総じて「ゆっくり」「慎重に」「健康に気をつけて」などの保守的な言葉に集約されますので、どうしても現状維持に関心が向いてしまいがちです。結局、そんなことばかり考えているとまたあの「ネガティブ思考」の連鎖が始まってしまうかもしれません。

そこで、ちゃぶ台をひっくり返すようで申し訳ないのですが、とりあえずこういうことが大切ということだけを頭の片隅に入れて、場合によっては忘れてしまってください。

あるとき、ふとこうも思ったのです。

確かに守りに入る人生は大切ではあるが、どうもおもしろみに欠けると――。

これまでのように、何事にも慎重を期すような生き方は、二次障害を患ったわたしの性格に合っていますし、大切であることは理解しています。しかし、自分に合った生き方にあまりに固執してしまうと、残り少ないかもしれない自由な時間をそのままスルーしてでしまう可能性もなきにしもあらずです。「坂を下りている」ことは明白なのですが、停滞することはやはり避けたい。前向きの志向を失った「停滞」では人生の輝きを失ってしまいます。そこで、もうこのあたりで一区切りをつけて、「楽しんで生きよう」、場合によっては「やりたいことをやってみよう」と気持ちを切り替えることにしました。

そう思うに至ったのは、誰もが知る論語の言葉にちょっとしたヒントを得たからにほかなりません。それは次の言葉です。

吾れ十有五にして学に志す。三十にして立つ。四十にして惑わず。五十にして天命を知る。六十にして耳順う。七十にして心の欲するところに従って、矩を踰えず。

昔からいま一つ理解できなかったのは、最後の「七十にして……矩を踰えず」の部分でした。矩を踰えるとは、人間として守るべき道からはずれ、天の法則に背くこと、また、分を越えた振る舞いをすることですが、しかしなぜに「矩を踰え」ないのか？ 「矩」の意味するところはいったいなんなのか？ それがよくわからない。一般的な解説書によれば、矩とは大工の持つ曲尺のことで、「行為の準則」「道徳」、あるいは「道」と訳されています。

ところが、「楽しんで生きよう」と考えたあたりから、これはひょっとしたら「七十にして……」の不可解さを理解するヒントになるかもしれない、とふと気づいたのです。

「欲するところに従って」、それはその言葉通りですが、しかし野放図にやりたいようにやる、ということではなく、あくまでわたし流の一定の「行為の準則」を守りながらという条件つきです。「過度なストレスは避ける」「五戒を守る」などの「行為の準則」は、二十年近くも続けてきたわけですから、ほとんど無意識に近い「遵守状態」ともいえます。ひょっとしたらこれは「矩を踰えず」に通じることなのかもしれない、と思い至りました。

ご存知の通り、このような心境は聖人である孔子が修養を積んで人格の向上につとめたうえで、七十年かけてようやく修得できた境地です。常人の到達できるレベルではありません。「~惑わず、天命を知る、耳順う」には〇・〇一ミリも至らなかった自分がいうのはおこがましいことを承知のうえで、無手勝流の「矩を踰えず」の解釈で得心することにしました。

仮に「楽しんで生きる」あるいは「心の欲するところ」にしたがって「やりたいことをやってみた」としても、「矩＝行為の準則」を越えない生き方がすでに身についているのですから、その意を達成することにそれほど無理はないだろうと思われたということです。

さて、読者の皆さんのなかには、経済的なゆとりもないのに「楽しんで生きたり、やりたいことをやったりする」のは難しいと思われる方もおられるかもしれません。それはもっともですが、その疑問は「矩」のなかの一つの生活態度に気づいたことで、意外にすっきりと整理されてしまいました。

よくよく考えてみれば、わたしの場合は長きにわたるうつ病の経験から、すでに「質素」な生活態度が身についてしまっています。なにしろ、症状の重いときは身動きがとれませんでしたので、必要だったのは衣食住にかかる最低限の生活費のみでした。その後、少しずつ回復するなかで、「質素」でありながらも日々の生活を「楽しむ」術を知らずに会得している自分に気づきました。

具体的にいえば、毎日のように続けてきた「散歩」のほかに、「読書」や「執筆」があります。これだけでもけっこう充実した時間をすごすことができます。もちろん「農園」や「当事者会」「哲学カフェ」もありますので、気晴らしに出かけることはいつでも可能です。ありがたいことに精神障害者保健福祉手帳のおかげで、公共の美術館や博物館は無料、映画は低料金で鑑賞できます(4)。つまり、お金をかけなければ楽しめないという意識はすでに消え去ってしまっていますので、豪華なレジャーのために出かけたり、高級レストランに行ったりしなくとも「楽しんで生きる」「やりたいことをやる」ことは十分可能なのです。

二十年間も「貧困妄想」を含めたうつ病に苦しめられてきた経験が、こんなところで生きてくるとは思ってもいませんでしたが、こういうこともあるのです。これまでの生活で身につけた「行為の準則」から、わずかながら心安らかな生活に近づくことができましたが、もっとも実利的な恩恵は、この「質素」な生活が苦にならなくなったという面かもしれません。低空飛行の長い過去を「リフレーミング」した結果ともいえます。もちろん常に倹約ばかりにこだわっているわけではなく、使うべきときには使うというメリハリをつけた「質素」でもあります。

経済的な状況は人それぞれで差異がありすぎますので、ここで述べることは差し控えます。また、簡単に「質素」と書きましたが、無意識的に到達した私的流儀ですので、誰しもが同様にできる生活ではないこともよくわかっています。しかし、「矩を踰えず」をうまく身につけることができるなら、経済的ゆとりが十分でなくともそれほどつらい思いをせずに、日々を「楽しく」すごせる可能性は少なからずあるということをお伝えしておきます。

家族、そして妻

聳える山とカサンドラ

さて、残りの人生を「一歩一歩下っていく」と書きましたが、このためには足元をよく

---

(4) 公共施設利用のほか、発達障害者への公的支援については第一章末の読書ガイドⅠに挙げた『発達障害のある人が受けられるサービス・支援のすべて』を参照。

確かめなければなりません。いまのわたしの生活を考えてみれば、まずは身近な他者との関係から見直していくことがなによりも必要ということになります。

それは当然、家族（妻）との関係です。[5]

「お疲れさん」「大丈夫？」「それは大変だったね」

こうした言葉があるだけで、心がなごむものです。

夫婦でこうした言葉をかけあえる日常であるなら、その関係性は本当に幸せなことです。共感の力というのは大きなものです。パートナーのどちらか一方の側で、これが欠けてしまうと、相手はどれほどの失望感を味わわなければならないことか。しばらくは我慢できるかもしれませんが、五年、十年とときを経るなかで必ずほころびが生じてしまうこととなります。

こんな状態が長期にわたる日常となれば、無視される側は、自信の低下、睡眠障害などからいずれ精神疾患に結びつくこともあり得ます。そのような苦しみがまわりの人たちにまったく理解されないということが重なれば二重の苦しみに苛まれることになります。

カサンドラ症候群とは、夫婦のあいだでこうした状態に陥ってしまったパートナーのことをいいます。夫がＡＳＤ（アスペルガー症候群）である場合が典型的で、夫は会社で要職についているなど一見問題なさそうに見えることから妻の苦しみはまわりの人たちに信じてもらえません。

カサンドラとはギリシア神話の登場人物で、トロイア王の娘です。アポロン神の寵愛を受け予言能力を授かりますが、カサンドラはアポロンを受け入れません。怒ったアポロンは、彼女がたとえ真実の予言をしたとしても人々がそれを信じないよう呪いをかけてしまいます。戦いのさなか彼女はトロイアの陥落を予言しますが、誰からも信じてもらえません。結局、トロイアはギリシアの木馬による奇襲攻撃で滅ぼされることになります。悲劇が見えてしまうという苦しみ、それを誰にも信じてもらえないという苦しみを背負って彼女は不遇の最期を遂げます。(6)

カサンドラ症候群の原因は多くは夫側にありますが、妻の場合もあります。一方の側に苦しみをため込んでしまう特性がある場合に起きてしまうことも多いようです。(7) つまり、「夫の特性と妻の特性が、互いを追い詰める形で、首を絞め合ってしまうこと」で悲劇を生んでしまうのです。解決には双方の努力が必要となります。

ちなみに「カサンドラ症候群」という言葉自体は発達障害者のあいだでは知られていますが、DSMなど正規の診断基準としては認められていない概念です。

---

(5)もちろん子供たちとの関係も一体として考えることが大切ですが、その場合療育などもふくめて問題は多岐にわたりますので、本書では妻との関係に焦点を絞りました。
(6)呉茂一『ギリシア神話(上)』(改版、新潮社、二〇〇七年、一六九〜一七一頁)
(7)岡田尊司『カサンドラ症候群――身近な人がアスペルガーだったら』(KADOKAWA、二〇一八年、六頁)

妻との関係

先述のように、わたしには共感性や情緒的な反応に問題があることはよくわかっていましたので、妻とのコミュニケーションにおいても問題が生じているかもしれないということはうすうす自覚していました。ただ、それについて直接的に対峙することはなるべく避けてきたように思います。言い訳になりますが、自分のことだけで精一杯だったのです。

とはいえこれから心穏やかに生きようとするなら、この問題から逃げることはもはやできないのです。苦心惨憺《くしんさんたん》してやっといくつかの山を越えたところで、ふと顔を上げると行く手にさらなる高嶺が見えてきたような感覚です。せっかく「下山」を始めたところなのに、同時並行してこれまでよりももっと険しい坂道を登らざるを得ないという難行に立ち至ったという思いです。

そうはいっても、裏を返してみれば、いままで見えにくかった、あるいは見えていながらあえて避けていた次の登山口にようやくたどりついたともいえるのです。「難行」などとは考えず、自然の流れとして粛々と受け入れるべきことなのでしょう。

カサンドラ症候群に陥った妻たちの気持ちは、たとえば当事者の手記につぶさに描かれています。二人の妻の手記(8)を読みましたが、どちらも共感性のないＡＳＤの夫に長きにわたって苦しめられ、妻当人がこれはカサンドラ症候群だと気づいてからは、別居、離婚に至っています。結局、自覚のないＡＳＤの夫と関われば関わるほど自分が傷ついてしまうと悟ったことで、究極の判断を下さざるを得なかったのでしょう。

夫の側の問題については、わたしにもあてはまるところが多々あります。共感性が弱い、その自覚もない、といわれれば確かにその通りです。ときに暴言を吐いたり、家庭や妻のことに無関心でいたり、一つのことにこだわりすぎたりと、数え上げていけばきりがありません。なおかつ、そうしたことを無意識のうちに行っていることが多いわけですから、なかなか根本的改善には至りません。

仕事のうえではこれまで書いてきたようなさまざまな工夫をして、以前よりは多少とはいえ摩擦を減らせるようになりましたが、それはあくまで意識しているからできることです。家庭においてはそのテンションが一気に下がってしまい、必死で身につけたはずの対処法などどこかに吹き飛んでしまいます。その意味で家庭内でカサンドラ症候群を引き起こしかねないという危険性は高いままで、これまでの十数年を過ごしてきたように思います。

そこであらためて、「果たして、わたしの妻はカサンドラ症候群なのか？」についてよ

(8)えどがわ理恵『カサンドラ症候群でした——アスペルガーな夫との生活と、これから』(文芸社、二〇一七年)、Ｈａｐｐｙ Ｎａｖｉｇａｔｏｒ 那美『カサンドラ症候群からの脱却——自分の人生を生きるために』(幻冬舎、二〇二一年)

く考えてみました。しばらく思いを巡らせてみたのですが、わたしにはどうもそうは思えないのです。

彼女は、手記を書かれた二人の当事者のように、苦しみを抱え込んで精神的に不安定になるというようなタイプではありません。コミュニケーション能力にすぐれ、頭の回転も速く、口達者で人に好かれるタイプです。しかも子どものころから体育会系で鍛えてきたこともあって、身体はわたしの何倍もタフです。それと、わたしと同じ離婚経験者であり、とりあえず一通りの修羅場は経験していますので、精神的にも鍛えられています。

カサンドラ症候群になりやすいといわれる「自己肯定感が低い」「依存心が強い」「自分を犠牲にしてしまう」「ギリギリまで堪えてしまう」というような要素は彼女にはほとんどみられないように思います（もちろん、これはあくまでわたしの身勝手な見方で、わたしには想像の及ばない彼女なりの苦悩もあるとは思います）。

結婚したころは教育分野で働く一スタッフにすぎませんでしたが、いまではそれなりのポジションに上り詰め、十分な収入を得ています。つまり、仮にストレスがかかるようなことがあれば、自分の裁量で自由に発散できる立場にいるのです。仕事は忙しいのですが、休暇もある程度自由にとれるので、毎年学生時代からの友人と旅行に出かけていますし、子どもといっしょに夏は山へ、冬はスキーへとレジャーも欠かしません。暇なときはスポーツクラブで汗を流したりもしていますので、こちらからすれば優雅な生活にさえ見えます。

一方、わたしのほうはというと、つい最近まで、ＡＳＤとうつ病の相乗効果でなにかをしようという意欲そのものが欠けていました。だいたい外出そのものがおっくうなのですから、レジャーなどもってのほかです。一、二度、家族旅行に出かけたことはありますが、なにを食べても、なにを見ても、ほとんど楽しめません。そんな無味乾燥な経験をして以来、旅行などの提案をされてもよほどのことがない限り遠慮していました。愛犬といっしょに留守番をしているほうが気が楽だったのです。

このような妻との関係がうまくいっているかといえば、そうともいえません。最近では頻度は減りましたが、当初は二週間おきくらいにぶつかり合っていました。いまでも年に数回は怒鳴り合いの喧嘩もあります。自分のうつ病を悪化させるだけなのに、本当に愚かなことです。

発達障害者のあいだでは、夫婦となる組み合わせはどちらかがＡＳＤでどちらかがＡＤＨＤの場合が多いということがよくいわれます。わたしの場合でいえばＡＳＤ的なのはわたしのほうで、診断は受けていませんが妻はＡＤＨＤの要素の強いタイプといえるかもしれません。そうであるがゆえに夫婦としてなんとか成り立ってきたともいえますし、またそうであるがゆえに、発達障害特有のさまざまな支障も生じがちだったともいえます。お互いに問題点を挙げれば思いつくことはいくらでもありますが、それをこちらが一方的に指摘しても意味のある話にはなりません。

わたしが悔やみながらもこれまで改善できなかった最たることは、激したときの「暴言癖」でしょう。相手はこちらがなにを言おうと決して折れることのない性格ですので、こちらはどんどんヒートアップして、言ってはいけない言葉を吐いてしまうのです。嫌味や皮肉も含めて相手のもっとも弱いところを突いてしまいます。そのような言葉が翌日はお互いにサッパリと消え去っているということならよいのですが、仮に妻が発達障害グレーゾーンであるとするなら、「フラッシュバック」のくだりで書いた通りその記憶は長いあいだ残ってしまう可能性が高いのです。こうした言葉でどれほど妻を傷つけてしまったことか。

結局、まずは反省すべきは反省して、自身の妻に対する愛情を確認すること、そして子どものことを含めてお互いに冷静に話し合うことから始める、という凡庸でありながら実はかなり重要な結論に至ったというのがいまの段階です。

恥ずかしいことですが、生まれてからいままで「女性について」「妻について」「結婚について」心の底から向き合ったという記憶はないのです。遅すぎることは承知のうえですが、そのような貴重な機会が還暦をすぎてようやく訪れたことに感謝すべきなのでしょう。

日常は些細なことで壊れやすいのです。ゆっくりとミリ単位で足を前に踏み出す覚悟でしか、次はやってこないとあらためて思います。関係修復には相当な時間がかかると考えておいたほうがよさそうです。

妻に対しては、これまでわたしの引き起こしてきた多くの問題に長期間にわたって耐え忍び、寄り添ってきてもらったことに、心から感謝しています。

「いきのびる」ための読書ガイドⅦ

第七章　還暦すぎて「行路難」

稲垣栄洋『弱者の戦略』（新潮社、2014 年）

自然界は生物にとって弱肉強食の世界。そこでは、逃げる、隠れる、ずらす、ニッチ戦略、負けるが勝ちの戦略などあらゆる生き残り戦略がとられている。動植物の生態などから弱者（二次障害者）としての生き方のヒントが得られる。

立川昭二『足るを知る生き方——神沢杜口「翁草」に学ぶ』（講談社、2003 年）

江戸時代の第一級の資料である「翁草」に学ぶ本。神沢杜口は、役所勤めのときは黙々と過ごし、病弱にもかかわらず、膨大な著述の仕事を成し遂げた。退職後、老後の人生を考える意味でも参考になる。

河合雅雄『ニホンザルの生態』（講談社、2022 年）

群れから離れたヒトリザル（オスに限られる）の生態を発達障害者に重ねるような愚は犯すべきではない。それはわかっているのだが、彼らの厳しい生態を知るにつけ、親近感を抱くとともにこんな生き方もあるのだとも思える。

あとがき

「はじめに」でも記したとおり、この本のもとになるメモをとり始めた四〜五年前、わたしはまさに「ヨタヘロ期」そのもので、そんなどん底の状態からの回復など想像すらできませんでした。しかし、人間の自然治癒力というのはこの齢になっても失われないものです。あいかわらず疲れやすさに変わりはありませんが、日々の生活に支障がないレベルにまではなんとか持ち直しています。

最近、近所にスポーツジムができたことをきっかけに、思い切って通うようにもなりました。トレーニングマシンとストレッチ用のスペースのある簡素なジムです。ここで入念にストレッチを行い、筋トレはそこそこに、最後にストレッチ用のスペースの片隅に座って呼吸法を行うようにしています（マインドフルネスストレス軽減法でいえば、ストレッチはヨーガ瞑想法、呼吸法は静座瞑想法にあたります）。本文でも触れたように、自分一人では瞑想を続けられずに長く中断していたのですが、ジムに通うことでうまく習慣にとり込んで継続できるようになりました。もちろん、昔の体調をとり戻したと言える状態にまでは達していませんが、運動とマインドフルネスの効果で「凪」の爽快さを感じることも以前よりは増えています。

とはいえ、そうした状態が長く安定しているかというとそういうことはなく、揺れはどうしてもやってきます。心の風通しのために、時折、人のあつまりに顔を出すようにはしていますが、ときに自身の「不用意な発言」で自己嫌悪に陥ったり、他者の発言などに傷ついて落ち込むことはやはり避けられません。最近は特に「やりたいことをやろう」などと思い込んであちこち出歩いたりするものだから、必然的にそのような機会は増えてしまっています。

要するにそれはただ、調子に乗ってしゃしゃり出た愚か者がその都度躓いているだけではないかといわれれば、返す言葉もありません。「すぐに調子に乗る」のは、最近新たに気づいた特性、というよりも単にわたしの持って生まれた性格のようです。「年相応に身につけた落ち着き」などというものは、どこを探しても見あたらないのです。

ただ、悪いことばかりではありません。

一ついえるのは、立ち直りが早くなったということです。迷いながらあれこれと試して身につけた二次障害への対処法は、迷いが深かったぶんだけ意外と揺らがないものです。気持ちの切り替えや簡単な呼吸法などはすでに習慣となっていますので、比較的短い期間で自然と回復していることが多くなりました。

なんだその程度のことか、といわれそうですが、わたしにとってはかなり大きな変化です。精一杯にかっこうをつけた言い方をすれば、以前よりは幾分「しなやか」になったのかもしれません。これをもってして精神的な回復力である「レジリエンス」が身についた、などとはとてもいえませんが、「調子に乗らなければ」なんとかなりそうだという自信はついてきました。

心の健康について、もう一つ大切な変化がありました。

長きにわたって低空飛行を続けてきたからでしょう、他者の精神的な苦しみに、ある程度は寄り添えるようになったということです。最近、精神病を患ったがゆえに、何事に対しても頑迷な反応ばかりの人物に会う機会がありましたが、その人の心の内面にある「ただれた傷口」がより深く、輪郭を持って見えてくるような気がしたのです。

だからといって、ただちになにか支援の手を差し伸べられるようなゆとりは、まだありません。できるのは、ただ全身を武装して他者を威嚇しているような人物の隣に、静かにたたずむくらいのことです。

精神的な苦しみは、そのぶん、心の成長にもつながるという研究があります。このような変化は、心理学ではベネフィット・ファインディング、あるいは心的外傷後成長（PTG）などと呼ばれます。人生において危機的な出来事やつらい出来事を経験する方々はたくさんおられますし、その重圧から逃れられない方々も少なくありません。そのような重苦しさから抜け出して、肯定的な心の変化を感じられるまでに至った状態を指して、このように表現されます。

わたしにも、そのような前向きの変化があらわれたのかもしれません。そうであるならありがたいのですが、ただ、それをもってして二十年の経験の一切合切を肯定できるのかと問われれば、それはちょっと難しい。それでも、なにかが得られたという手ごたえは感じています。

最後になりますが、現代の日本社会で発達障害者であることは、どうしても大なり小なりの生きづらさを抱え込まざるを得ません。しかし、その生きづらさこそが、自分自身を深く見つめたり、日本の社会を考え直すきっかけともなる、ということはわたしの経験からはっきりと言えることです。確かに痛みは伴います。それは避けられません。しかし、それによって得られるものもまた大きいと申し添えておきます。

この本ができあがるまでに、現代書館編集部の重留遥さんにはひとかたならぬお世話になりました。鋭い指摘とともに丁寧な仕事を心がけてくださり、心から感謝を申し上げます。また、監修を快く引き受けていただいた発達障害に詳しい仮屋暢聡先生にも深く感謝いたします。草稿の段階でアドバイスをしてくれた友人たちにも、この場を借りてお礼を申し上げます。みなさんの力添えがなければ、とてもこの本を書き終えることはできませんでした。ありがとうございました。

凪野悠久

著者
凪野悠久（なぎの　ゆうきゅう）
一九五九年生まれ。早稲田大学卒業。報道機関勤務後、東南アジア、西アジアなどで国際協力に従事。四十代でうつ病を発症し、以後慢性うつ病となる。五十代で発達障害と診断される。精神障害者雇用を経て、現在、執筆活動に専念。

監修者
仮屋暢聡（かりや　のぶとし）
医療法人社団KARIYA理事長、まいんずたわーメンタルクリニック院長。一九五七年、鹿児島県生まれ。鹿児島大学医学部医学科卒業。専門は臨床精神医学。著書に『うつ予備群』、『アルコール依存の人はなぜ大事なときに飲んでしまうのか』（共にCCCメディアハウス）、監修に『ニュートン式 超図解 最強にわかる!! 精神の病気』（ニュートンプレス）、『精神科医が教える　心の病の説明書』（ニュートン別冊、ニュートンプレス）など。

中高年《ちゅうこうねん》の発達障害《はったつしょうがい》
――二次障害《にじしょうがい》をいきのびるための処方箋《しょほうせん》

二〇二四年三月三十一日　第一版第一刷発行

著　者　凪野悠久
監修者　仮屋暢聡
発行者　菊地泰博
発行所　株式会社現代書館
東京都千代田区飯田橋三―二―五
郵便番号　102-0072
電　話　03（3221）1321
ＦＡＸ　03（3262）5906
振　替　00120-3-83725
組　版　具羅夢
印刷所　平河工業社（本文）
東光印刷所（カバー・帯・表紙・扉）
製本所　鶴亀製本
装　幀　大森裕二
本文挿絵　三村京子

校正協力・塩田敦士
 ISBN978-4-7684-5956-0
定価はカバーに表示してあります。乱丁・落丁本はおとりかえいたします。
http://www.gendaishokan.co.jp/

活字で利用できない方のための
テキストデータ請求券
『中高年の発達障害』

現代書館の本

ジョン・マクレー 著／長瀬 修 監訳／古畑正孝 訳

世界を変える知的障害者
ロバート・マーティンの軌跡

親の虐待、精神遅滞児施設での放置、暴力に苦しみ、何もわからない無価値の存在と思われていた一人のニュージーランド人が、声を持って語りはじめ、「人」として認められ国際社会を動かすまでの存在となっていく感動の物語。

四六判 並製 260ページ 2200円+税

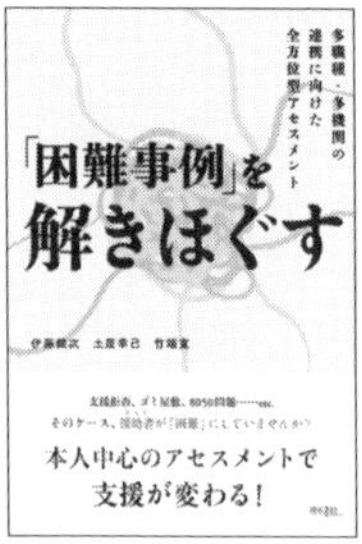

A5判 並製 200ページ 2200円+税

伊藤健次・土屋幸己・竹端寛 著

「困難事例」を解きほぐす
多職種・多機関の連携に向けた全方位型アセスメント

本人の生き方に沿った支援を展開し、多職種連携で問題の解決を図る、全方位型アセスメント。地域共生社会の実現に向けて社会福祉法の改正が進んでいる今、相談援助職に必須の援助技術である。アセスメントが変われば、支援が変わる！

ナガノハル 著

一万年生きた子ども
統合失調症の母をもって

8歳のとき、母が統合失調症を発症。生き延びるために、わたしは地球上の誰よりも大人になった――。患う家族を子どもなりに支え、大人になっても苦しみ続ける「一万年生きた子ども」。その物語に、耳を傾けてみませんか。

四六判 上製 232ページ 2000円+税

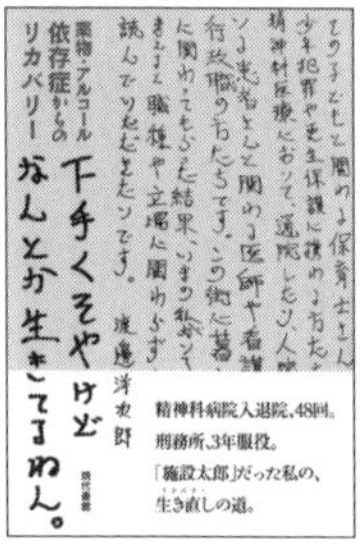

四六判 並製 232ページ 1800円+税

渡邊洋次郎 著

下手くそやけどなんとか生きてるねん。
薬物・アルコール依存症からのリカバリー

20歳から10年間で48回、精神科病院への入退院を繰り返した。30歳で刑務所へ3年服役。原因は薬物とアルコール依存。生きづらさから非行・犯罪を繰り返してきた著者が自助グループと出会い、新しい生き方を見つけるまでの手記。

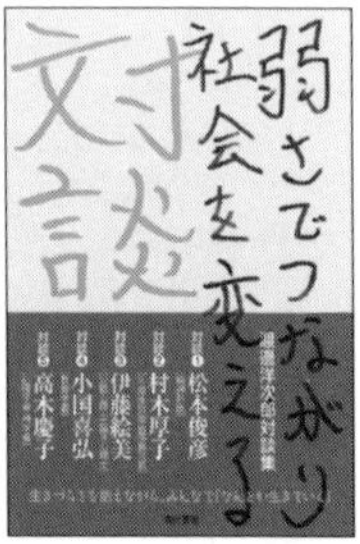

四六判 並製 144ページ 1600円+税

渡邊洋次郎対談集

弱さでつながり社会を変える

青年期に非行・犯罪行為を繰り返し、現在は薬物・アルコール依存と共に生きる渡邊洋次郎さんが、生きづらさを抱えながらみんなで「なんとか生きていく」方法を探る対談集。実践者や研究者と対話し、誰もが生きやすい社会の形を考える。